Davis H. Holmes

Die mit Präpositionen zusammengesetzten Verben bei Thukydides

Davis H. Holmes

Die mit Präpositionen zusammengesetzten Verben bei Thukydides

ISBN/EAN: 9783743697584

Hergestellt in Europa, USA, Kanada, Australien, Japan

Cover: Foto ©Andreas Hilbeck / pixelio.de

Weitere Bücher finden Sie auf **www.hansebooks.com**

Die mit Präpositionen zusammengesetzten Verben bei Thukydides.

Inaugural-Dissertation

zur

Erlangung der Doctorwürde

von der

Philosophischen Facultät

der

Johns-Hopkins-Universität zu Baltimore

genehmigt

und

am 13. Juni 1893 öffentlich verteidigt

von

DAVID H. HOLMES, M. A.,

aus Baltimore, U. S. A.

BERLIN
WEIDMANNSCHE BUCHHANDLUNG
1895.

THE LIMITATIONS

OF THE

COMPOSITION OF VERBS WITH PREPOSITIONS

IN

THUKYDIDES.

A DISSERTATION ACCEPTED

BY THE

BOARD OF UNIVERSITY STUDIES

OF THE

JOHNS HOPKINS UNIVERSITY, BALTIMORE,

JUNE 13, 1893,

FOR THE

DEGREE OF DOCTOR OF PHILOSOPHY

BY

DAVID H. HOLMES, M. A.

SOMETIME SCHOLAR AND FELLOW IN GREEK AND SANSKRIT IN THE
JOHNS HOPKINS UNIVERSITY.

BERLIN
WEIDMANNSCHE BUCHHANDLUNG
1895.

MEINEN VEREHRTEN HERREN LEHRERN

DEN PROFESSOREN

DDR. GILDERSLEEVE, BLOOMFIELD UND WARREN.

I perform a pleasant duty in giving this open expression of my gratitude to Professor Hübner of the Friedrich Wilhelm University of Berlin for his many kindnesses and courtesies to me while a student under his guidance, and especially for many suggestions and corrections in the translation of the present work from English into German.

Berlin, March 5. 1895.

David H. Holmes.

Die mit Präpositionen zusammengesetzten Verben bei Thukydides.

Art und Umfang des behandelten Gegenstandes.

Die Frage der Komposition im allgemeinen hat für das Griechische nur geringe Beachtung gefunden. Soviel ich weiss, ist das von uns gewählte besondere Kapitel der Grammatik noch nirgendwo der Behandlung unterzogen worden. Es ist in dieser Abhandlung nicht versucht worden, den durch die Komposition veranlassten Wechsel der Bedeutung zu besprechen, ebensowenig die Kasus-Konstruktionen der Komposita oder den Einfluss der Präposition auf das Aktiv oder Passiv des Verbums klar zu legen. Da diese Gegenstände einmütig von den Grammatikern übergangen worden sind, kann man uns keinen Vorwurf machen, wenn wir sie mit derselben Hochachtung behandeln.

Der Zweck der vorliegenden Arbeit ist der, aus einer Untersuchung des von Thukydides gebotenen Materials die Prinzipien zu erkennen, welche der Komposition von Verben mit Präpositionen zu Grunde liegen, und die Grenzen festzustellen, innerhalb derer diese Prinzipien bei ihm, in seiner Sprache wirksam sind.

Wenn es einer Rechtfertigung für die Wahl einer solchen Aufgabe bedarf, so kann man sie in dem Interesse und der Belehrung finden, welche mit solchen Untersuchungen verbunden sind, als es die Frage nach der Zahl der mit verschiedenen Verben zusammengesetzten Präpositionen, nach der relativen Bevorzugung gewisser Präpositionen bei gewissen Verben, nach den Ursachen und der Methode dieser Bevorzugung, endlich nach den Gründen und Folgen des Verlustes der Färbung in den Kompositionen sind.

Dieselben Untersuchungen sollen auf die Diprothesis und die Triprothesis ausgedehnt werden.

Dies ist der bescheidene Zweck dieser Arbeit. Natürlich können die Ergebnisse, ausser insoweit es sich um die Sprache des Thukydides handelt, nicht als endgiltige betrachtet werden, bis andere Autoren in derselben Weise untersucht worden sind.

Die Arbeit zerfällt in folgende drei Teile: I. eine Betrachtung der einzelnen Präpositionen; II. eine Aufstellung statistischer Tafeln für die Monoprothesis, Diprothesis und Triprothesis; III. eine Untersuchung[1] und Beurteilung der Statistik.

I. Betrachtung der einzelnen Präpositionen.

Der Beweis für eine eigentliche Präposition liegt in ihrer Fähigkeit, mit Verben verbunden zu werden. Um die Reihe der kombinierbaren Präpositionen bei Thukydides zu erhalten, hat man nur ἀμφί von den als eigentlichen anerkannten Präpositionen auszuschliessen. Alle eigentlichen Präpositionen finden sich auch unverbunden (ἀνά und ἀμφί nur zweimal). Die mit ἀμφί gebildeten Komposita, wie die Präposition selbst, sind meist auf die Poesie beschränkt.

ἀνά. Mit ἀνά verhält es sich anders. Während die unverbundene Präposition meistens auf formelhafte Redensarten und die Dichtung beschränkt ist, findet sie sich in der Komposition mit 77 Verben bei Thukydides verbunden. Am häufigsten (in 144 Fällen) ist sie bei χωρέω aufzuweisen. Ausserdem wird sie bei 4 weiteren Verben bevorzugt, wenn wir absehen von den Zeitwörtern, die nur mit ihr verbunden werden. Von letzteren giebt es 17, darunter sind 9 ἅπαξ εἰρημένα. Bei einem der 17, ἀνοίγνυμι, hat in der Prosa das Kompositum die Stelle des Simplex völlig eingenommen. Das einfache ἄγνυμι gehört der Poesie an. Bei ἀναλίσκω und ἀναλόω haben wir es wahrscheinlich mit Ersatzbildungen für ein altes Simplex zu thun, welches in vorhistorischer Zeit aus der Sprache verschwunden ist. Ἀνά kommt als erstes Element in der Diprothesis oder Triprothesis nicht vor. Das unverbundene ἀνά gehört, ebenso wie ἀμφί, hauptsächlich der Poesie an.

ἀντί. Die unverbundene Präposition kommt 52 mal bei Thukydides vor. In der Komposition findet man sie mit 80 Verben, von denen 48 monoprothetisch, 27 diprothetisch und 5 triprothetisch sind. Keine andere Präposition erscheint mehr als einmal in der Triprothesis. Ihr Lieblingsverb ist ἔχω, mit dem sie 41 mal kombiniert wird. Andere bevorzugte Verben sind ἵστημι und εἶπον. Ausschliesslich wird sie verbunden mit 10 Verben, von welchen 7 ἅπαξ εἰρημένα sind.

ἀπό. Das unverbundene ἀπό kommt 634 mal vor. Die Reihe der damit kombinierbaren Verben umfasst 114 Zeitwörter, von denen 112 monoprothetisch und 2 diprothetisch sind. In der Höchstzahl (192 Fälle) findet sie sich bei ἱκνέομαι. 22 Verben geben ihr den Vorzug, ungezählt die Exklusiva, unter denen ich die Zeitwörter verstehe, welche nur mit einer Präposition verbunden sich finden. Es ist die ausschliessliche Präposition von 23 Verben, von welchen 15 ἅπαξ εἰρημένα sind. Ἀπαντάω hat die Stelle des einfachen ἀντάω eingenommen, das auf die Poesie beschränkt ist. Die Komposita ἀποκτείνω, sein Passiv ἀποθνήσκω und ἀφικνέομαι sind gleichbedeutend mit ihren entsprechenden Simplicia, ausgenommen das Imperfektum und Plusquamperfektum von θνήσκω, welche selten im attischen Griechisch mit Präpositionen zusammengestellt werden, niemals aber bei Thukydides. Ἀπόλλυμι hat das Simplex ὄλλυμι verdrängt, indem letzteres auf die Dichtung beschränkt ist. Homer hat ἀπο.... ὄλλυμι mit der sogenannten Tmesis, wo das präpositionale Element stark gefühlt wurde. Wenn man jedoch mit Liddell und Scott sagt, dass ἀπόλλυμι eine stärkere Form von ὄλλυμι ist, muss man ein schwächeres ὄλλυμι für die attische Prosa annehmen, das nicht existiert. Ἀπόλλυμι ist stärker als ἀποκτείνω, gerade wie ὄλλυμι stärker ist als κτείνω. Ἀπεχθάνομαι hat sich als Ersatz für das poetische ἔχθω behauptet.

διά. In der unverbundenen Form kommt διά 534 mal vor. Es hat eine Reihe von 101 Verben, von denen 98 monoprothetisch und 2 diprothetisch sind. Φθείρω ist sein Lieblingsverb, mit dem verbunden es 151 mal sich findet. Es ist die bevorzugte Präposition von 14 Verben, obgleich die

Bevorzugung nicht so scharf ausgeprägt ist wie bei den obenbehandelten Präpositionen. Als ausschliessliche Präposition steht es zusammen mit 18 Verben, von denen 10 ἅπαξ εἰρημένα sind. Bei διαφθείρω nehmen wir die Neigung wahr, das Simplex zu verdrängen. Das Verhältnis der Fälle, in denen διαφθείρω und φθείρω gebraucht werden, ist 3,75 : 1. Die Stelle von νοέω, welches hauptsächlich auf die Poesie beschränkt ist, wird in der Prosa von seinen Komposita eingenommen, insbesondere von den mit διά gebildeten. Letztere finden sich mehr als viermal so häufig als die übrigen Komposita dieses Verbums.

ἐξ. Die Präposition ἐξ kommt in unverbundener Form 897 mal vor. In ihren Bereich fallen 89 Verben, von denen 85 monoprothetisch und 4 diprothetisch sind. Ἔρχομαι (ἐλθεῖν) ist ihr Lieblingsverb; mit ihm wird sie 47 mal kombiniert. Πέμπω wird ebenfalls besonders bevorzugt. 8 Verben werden besonders gern mit ihr verbunden, die Exklusiva nicht gezählt. Eine eigentliche Bevorzugung von ἐξ durch Verben oder von Verben durch die Präposition ἐξ tritt nicht besonders hervor. Ausschliessliche Präposition ist sie für 17 Verben, von denen 9 ἅπαξ εἰρημένα sind. Das einfache ἀρτύω wird vertreten durch die Komposita mit κατά und ἐξ, welches letztere allein bei Thukydides erscheint.

ἐν. Die Präposition ἐν kommt unverbunden 1794 mal vor. Mit dieser Zahl der Fälle ihres Gebrauchs steht sie in der Liste der Präpositionen obenan, eine Thatsache, die um so mehr bemerkenswert ist, als sie nur einen Kasus regiert. Die Zahl der mit ihr kombinierbaren Verben beträgt 67, von denen 55 monoprothetisch und 12 diprothetisch sind. Am häufigsten (38 mal) wird sie mit δίδωμι verbunden. Sie ist die bevorzugte Präposition dreier Verben, unter denen πίμπρημι besonders hervorgehoben zu werden verdient; seine Stelle hat in der Prosa ἐμπίμπρημι eingenommen. 13 Verben, von denen 11 ἅπαξ εἰρημένα sind, weisen sie als alleinige Präposition auf. Ἐναντιόομαι und ἐμπίμπρημι haben ihre Simplicia verdrängt, von denen ersteres auf das ionische Griechisch, letzteres auf die Poesie beschränkt ist.

ἐπί. Das unverbundene ἐπί kommt 1216 mal vor. Mit 156 Verben hat es die Höchstzahl der mit einer einzelnen Präposition zusammengesetzten Zeitwörter erreicht; davon sind 117 monoprothetisch und 39 diprothetisch. Sein Lieblingsverb ist εἰμί. Γίγνομαι und ἐλθεῖν sind auch bevorzugt, wobei alle drei ihrerseits für ἐπί eine Vorliebe zeigen. Es ist das bevorzugte präpositionale Element von 23 Verben. Hier, wie in allen Fällen, sind Exklusiva nicht gezählt. Bei 20 Verben, von denen 5 ἅπαξ εἰρημένα sind, findet es sich als ausschliessliche Präposition. Es giebt bei Thukydides keinen Fall von vollständiger Ersetzung eines Zeitwortes durch sein mit ἐπί gebildetes Kompositum. Ἐπιμελέομαι oder ἐπιμέλομαι können, obwohl ihr Simplex bei Thukydides nicht vorkommt, nicht dagegen sprechen, da ihre Bedeutung scharf unterschieden ist von der des Simplex. Die Sphäre ihres Gebrauches ist eine andere.

ἐς. Ἐς findet sich 1692 mal im Thukydides. Wie bei der Präposition ἐν, so kommt auch für die hohe Zahl seiner Gebrauchsfälle, mit der es ἐν zunächst steht, noch besonders in Betracht, dass es nur einen Kasus regiert. Seine Verbreihe ist beschränkt auf 23, die alle monoprothetisch sind. Die Zahl der mit ἐς kombinierbaren Zeitwörter ist geringer als die irgend einer anderen Präposition im Verhältnis zu der Häufigkeit seines Vorkommens als einfache Präposition. Mit 65 Fällen steht βάλλω an der Spitze aller Verben, die sich mit ἐς verbinden. Bei demselben Verbum nimmt ἐς in der Reihe der mit ihm kombinierbaren Präpositionen die zweite, nach πρός die erste Stelle ein. Vor allen anderen Präpositionen wird ἐς bevorzugt bei nur einem Verb, ἀκοντίζω, Exklusiva aber hat ἐς gar nicht. Auch finden sich keine Beispiele für den Ersatz von Zeitwörtern durch ihre mit ἐς gebildeten Komposita.

κατά. Die Präposition κατά kommt in unverbundener Form 861 mal vor. Ἴστημι ist ihr Lieblingsverb, mit dem sie 260 mal verbunden wird, und das auch seinerseits κατά am häufigsten gebraucht. Letzteres gilt auch von 15 anderen Verben. Als Exklusiva hat sie 25 Zeitwörter, von welchen 12 ἅπαξ εἰρημένα sind. Bei κατάγνυμι erstreckt sich der Ersatz für das

Simplex und dessen Verdrängung anf das Aktivum, während καθέζομαι, κάθημαι und καθίζω die Stelle der einfachen Verben schon ganz eingenommen haben. Ihre Simplicia sind poetisch; ἕζομαι und ἵζω finden sich allerdings auch im Spätgriechischen.

μετά kommt 619 mal vor. Es ist auf 24 Verben beschränkt, von denen 22 monoprothetisch und 2 diprothetisch sind. Sein Lieblingsverb ist ἵστημι. Wenn man von dem einzigen Exklusivum μεταμέλει absieht, so kann man von einer eigentlichen Bevorzugung dieser Präposition durch Verben nicht sprechen. Man findet κατά im allgemeinen nicht in der Komposition.

ξύν. Ξύν steht in 35 Fällen. Es ist nicht eine streng attische Form, denn es findet sich vorwiegend in formelhaften Gesetzes- und Kultausdrücken. Zusammengesetzt wird ξύν mit 143 Verben, von denen 130 monoprothetisch, 50 diprothetisch und eins triprothetisch sind. In der Reihe der mit einer einzelnen Präposition kombinierbaren Verben steht ξύν an zweiter Stelle und zwar ἐπί am nächsten. Βαίνω verbindet sich am häufigsten von allen Verben (130 mal) mit ξύν, das auch zugleich von ihm den anderen Präpositionen gegenüber bevorzugt wird. Eine Vorliebe für ξύν ist auch bei 18 weiteren Verben nachzuweisen, von denen 13 ἅπαξ εἰρημένα sind. Komposita mit ξύν als völliger Ersatz des verdrängten Simplex sind nicht zu belegen.

παρά. Die Präposition παρά kommt in unverbundener Form 282 mal vor. Sie wird kombiniert mit 54 Verben, von welchen 48 monoprothetisch und 6 diprothetisch sind. Εἰμί ist ihr Lieblingsverb, mit dem sie 173 mal zusammensteht, und dessen Lieblingspräposition sie zugleich ist. Weiter bevorzugen sie noch 6 andere Verben, während 8, darunter 4 ἅπαξ εἰρημένα, sich ausschliesslich mit ihr verbinden. Auch bei παρά giebt es keine Fälle, in denen das Kompositum in die Rechte des Simplex eintritt. Eine Ausnahme haben wir auch für αἰνέω nicht zu statuieren, obwohl es, wenn wir von zwei Platostellen absehen, in attischer Prosa nur in der Komposition sich findet, wie es auch bei Thukydides nur mit παρά und ἐπί (einmal mit κατά) verbunden ist. Denn die

Sphären, in welchen sich der Gebrauch der einzelnen bewegt, sind durch den Bedeutungsunterschied scharf begrenzt.

περί. Περί kommt 478 mal vor. Es hat eine Reihe von 43 Verben, die alle monoprothetisch sind. Die grösste Vorliebe hat es für γίγνομαι, mit dem es 48 mal zusammensteht. Es ist die bevorzugte Präposition von 3 Verben und die ausschliessliche von zweien, und zwar sind diese ἅπαξ εἰρημένα. Beispiele für die Verdrängung des Simplex durch sein Kompositum mit περί finden sich nicht.

πρό. Πρό ercheint in 80 Fällen. Es wird mit 105 Verben verbunden, von denen 69 monoprothetisch, 35 diprothetisch und eins triprothetisch ist. Χωρέω ist sein Lieblingsverb; mit ihm kombiniert ist es 35 mal zu belegen. Sieben Verben verwenden es besonders gern, sechs, von denen eins ἅπαξ εἰρημένον ist, ausschliesslich. Mit ihm gebildete Komposita sind als Ersatz für das Simplex nicht nachzuweisen.

πρός. Die Präposition πρός kommt in unverbundener Form 861 mal vor. Sie wird mit 67 Verben kombiniert, davon sind 56 monoprothetisch, 17 diprothetisch, eins triprothetisch. Ihr Lieblingsverb ist βάλλω, das sich ihrer 67 mal zur Bildung von Komposita bedient. Mit dieser Zahl übertrifft sie die Gebrauchsziffern der übrigen Präpositionen bei βάλλω, die von ἐς allerdings nicht bedeutend. 11 Verben beanspruchen sie als bevorzugte Präposition, 2 als einzige, ohne ἅπαξ εἰρημένα zu sein. Komposita mit πρός usurpieren nie die Stelle der Simplicia.

ὑπέρ. Ὑπέρ, das 64 mal allein steht, wird mit 11 Verben verbunden. Diese sind alle monoprothetisch. In der Höchstzahl (9 mal) findet es sich bei βαίνω. Es wird von keinem Verb bevorzugt, hat auch nur ein Exklusivum, das ἅπαξ εἰρημένον ist. In keinem Falle sind Komposita mit ὑπέρ Stellvertreter der Simplicia.

ὑπό. Das unverbundene ὑπό kommt 422 mal vor. Die Reihe mit ihm kombinierbarer Verben umfasst 58 und zwar 45 monoprothetische, 12 diprothetische und ein triprothetisches. Ἄρχω, mit dem es 94 mal kombiniert wird, und dessen Lieblingspräposition es ist, hat eine besondere Vorliebe für ὑπό.

Drei Verben verbinden sich mit ὑπό am häufigsten, fünf, darunter ein ἅπαξ εἰρημένον, nur mit ὑπό. In ὑποπτεύω und ὑποτοπέω haben wir Usurpationen von ὀπτεύω und τοπέω, von denen dieses bei Eustathius, dem Kommentator des Homer, einmal, jenes nur bei Aristophanes gebraucht wird.

II. Statistische Tafeln.

Im folgenden biete ich die von mir zusammengestellten vier Tafeln. Die erste zeigt alle Verba simplicia, welche im Thukydides mit Präpositionen verbunden werden, um neue Verben zu bilden. Sie zeigt weiter die hierzu verwendeten Präpositionen und giebt an, wie oft die Verba simplicia neben den Komposita vorkommen. Sie giebt die vollständige Statistik für monoprothetische Verben, welche auf einfachen Verben basieren. Ich habe die Komposita, deren verbale Elemente nicht auf einfache Verben zurückzuführen sind, nicht in Betracht gezogen. Demgemäss habe ich Verben ausser Acht gelassen wie ἐπικουρέω, προθυμέομαι, ἐγχειρέω, denen ἐπίκουρος, θυμός und χείρ zu Grunde liegt. Andererseits sind solche Verben wie συμπροθυμέομαι berücksichtigt, da es sich auf das Simplex προθυμέομαι zurückführen lässt. Ein Kompositum wie κατηγορέω ist behandelt worden, da *ἠγορέω auf ἀγορέω zurückgeht, obleich das Verbum *ἠγορέω nicht existiert. Ein anderes Beispiel ist ἐκδιαιτάομαι (διαιτάω). Solche Verben sind mit einem Stern versehen. Die zweite Tafel macht dieselben Angaben für die diprothetischen und triprothetischen, wie die erste Tafel für die monoprothetischen Verben. Die dritte Tafel zeigt die verschiedenen Kombinationen von Präpositionen, wie man sie bei diprothetischen und triprothetischen Verben sieht. Die vierte Tafel endlich zeigt den relativen Umfang der Präpositionen, ihre Lieblingsverben und die erforderlichen Zahlenangaben. Sie enthält auch zum Zwecke der leichteren Benutzung einige der auffallendsten Ergebnisse der anderen Tafeln. Ich glaube, dass die in den folgenden Tafeln enthaltene Statistik vollständig und korrekt ist. Wenigstens wird man keinen falschen Eindruck aus den dargebotenen Angaben erhalten.

Tafel I.
Statistik für monoprothetische Verben.

Sie giebt an:
a) alle kombinierbaren Verben bei Thukydides;
b) die Reihe der Präpositionen eines jeden Verbums und umgekehrt die Verbenreihe einer jeden Präposition;
c) die erforderlichen Zahlenangaben.

Verben	ἀνά	ἀντί	ἀπό	διά	ἐκ	ἐν	ἐπί	ἐς	κατά	μετά	ξύν	παρά	περί	πρό	πρός	ὑπέρ	ὑπό	Zahl der Präpos.	Bevorzugte Pr.	Zahl des Vorkomm. d. einfach. V.
ἀγγέλλω*)	1		20	1	1		15	8					13	10	1			9	ἀπό	43
ἀγείρω											6							1	ξύν	6
ἄγνυμι									2									1	κατά	
ἀγορεύω									2			3			5	2		4	πρό	1
ἄγχω			2															1	ἀπό	
ἄγω	36		33	7	18	9	43	13	17		14	8	1	8	45		7	14	πρός / ἐπί	110
ἀγωνίζομαι			2	3		1					4				1			5	ξύν	22
ἀδικέω									2									1	ξύν	119
ἀθρέω	1																	1	ἀνά	1
ἀθροίζω											2							1	ξύν	8
αἰνέω							14	1				40						3	παρά	
*αἱρέομαι		2					2									3		3		
αἱρέω	32		28	17	11				42		7	1	5	1			3	9	κατά	154
αἴρω			2	10			22				7	4						5	ἐπί	58
αἰσθάνομαι														10				1	πρό	120
αἰσχύνω									1									1	κατά	8
*αἰτέομαι												1						1	παρά	
αἰτέω			1	6														2	ἀπό	21
αἰτιάομαι							6	2										2	ἐπί	15
ἀκολουθέω							7					3						2	ἐπί	13
ἀκοντίζω								8	2									2	ἐς	4
ἀκούω							2	13	2								27	4	ὑπό	74
ἀλγέω				1								2						2		2
ἀλείφω					2													1	ἐκ	3
ἀληθεύω							2											1	ἐπί	
*ἁλίσκω	2																	1	ἀνά	
*ἀλλαξείω			1															1	ἀπό	
ἀλλάσσω			2	26	9	1	1				3	1	7					8	ἀπό	1
*ἁλόω	16																	1	ἀνά	
ἁμαρτάνω				3	2													2	διά	41

*) In der alphabetischen Anordnung sind dieselben Prinzipien wie in den besten Indices und Wörterbüchern befolgt worden.

Verben	ἀνά	ἀντί	ἀπό	διά	ἐκ	ἐν	ἐπί	ἐς	κατά	μετά	ξύν	παρά	περί	πρό	πρός	ὑπέρ	ὑπό	Zahl der Präpos.	Bevorzugte Pr.	Zahl des Vorkomm. d. einfach. V.
ἀμάω				1														1	διά	
ἀμελέω												1						1	παρά	5
*ἀμύνομαι		2													2			2		
ἀμύνω							6											1	ἐπί	117
ἀμφοτερίζω							1											1		
ἀναγκάζω							1	5							8			3	πρός	67
ἀντάω			18															1	ἀπό	
ἀντιόομαι						25												1	ἐν	
ἀξιόω	1	1																2		98
ἀπατάω					4													1	ἐκ	6
*ἅπτομαι		2																1	ἀντί	
ἅπτω									2	2							1	3		19
ἀράσσω					1			1										2		
*ἀργυρίζω				1														1	ἐκ	
ἀρέσκω			1															1	ἀπό	21
ἀρχέω	1																	1	ἀντί	12
ἁρμόζω											1							1	ξύν	
ἀρνέομαι			1															1	ἀπό	2
ἁρπάζω				4														1	διά	3
ἀρτάω				1	1				1									3		2
ἀρτύω					16													1	ἐκ	
ἄρχω															9		94	2	ὑπό	277
αὐλίζω					3	2												2	ἐν	17
αὐξάνω						2												1	ἐπί	10
αὐτομολέω			1															1	ἀπό	7
αὐγέω																1		1	ὑπέρ	1
βαδίζω				1														1	διά	
βαίνω	26		48	34	7	1	11	20	25		130	19		2	4		9	13	ξύν	1
βάλλω	5	1	3	22	8	12	8	65	9	10	9	9	4	6	67		6	16	πρός / ἐς	24
*βασείω													1					1	ξύν	
*βιάζομαι															1	1		2		
βιάζω									1									1	κατά	54
βιβάζω	2		3	3	5	2	2	2	2	1								9	ἐκ	
βιόω							2											1	ἐπί	
βλέπω			1															1	ἀπό	2
βοάω	1			2		2	9	3										5	ἐπί	5
βοηθέω		2			1		27			11	13				25			6	ἐπί / πρός	136
*βουλεύομαι				3														1	διά	

— 15 —

Verben	ἀνά	ἀντί	ἀπό	διά	ἐκ	ἐν	ἐπί	εἰς	κατά	μετά	ξύν	παρά	περί	πρό	πρός	ὑπέρ	ὑπό	Zahl der Präpos.	Bevorzugte Pr.	Zahl des Vorkomm. einfach V.
βουλεύω							34			2			2					3	ἐπί	109
βυρσόω									1									1	κατά	
γελάω									1									1	κατά	
γηράσκω				1														1	ἐν	
γίγνομαι			5	1	1	9	74					5	44	48	7	32		10	ἐπί	834
γιγνώσκω	3				10		4	8	7	3					3			7	διά	130
γράφω	2	1				3	3	1		2	16				1		1	9	ξύν	19
δαμάζω									1									1	κατά	
δαρθάνω									1									1	κατά	
δατέομαι	1																	1	ἀνά	
δείδω							3											1	κατά	140
δείκνυμι			14			2	4							1			2	5	ἀπό	19
δέχομαι	1		9		13		2								55		11	6	πρός	110
δέω	9						3										1	3	ἀνά	10
δέω			2											11				2	πρός	181
δηλόω										2								1	πρό	59
*διαιτάομαι				1	1			1										3		6
διδάσκω				1					1									2		26
διδράσκω	3		5	1	2													4	ἀπό	
δίδωμι	2	5	81	2	4	38	6		3			82		31				10	{παρά / ἀπό}	113
δικάζω								2										1	κατά	7
δικαιόω				1														1	διά	11
διώκω			2		1	11	14	2						1				6	κατά	24
δοιάζω				3														1	ἐν	
δοκέω							3							2				2	ξύν	309
δουλόω							2											1	κατά	29
δράω						1												1	ξύν	84
δυναστεύω							1											1	παρά	2
δύω	1	1	1			11												4	κατά	
δωσείω										1								1	παρά	
ἐγγυάω			1															1	διά	
ἔζομαι							17											1	κατά	
ἐθίζω							1											1	ξύν	1
εἶδον			2			3	4	6			10	10		6				7	{περί / πρό}	64
εἴκω									2							2		2		
εἴλλω					1													1	ἐν	
εἰμί			10		35	28	1		3	3	173	25		8			2	10	παρά	2389
εἶμι			33	6	25		83	11	7	3	11	13	1	15	29			12	ἐπί	116

Verben	ἀνά	ἀντί	ἀπό	διά	ἐκ	ἐν	ἐπί	ἐς	κατά	μετά	ξύν	παρά	περί	πρό	πρός	ὑπέρ	ὑπό	Zahl der Präpos.	Bevorzugte Pr.	Zahl des Vorkomm. d. einfach. V.
εἶπον	3	15	5		1		1							20			3	7	πρό	144
εἴργω od. εἴργω			4	3	4				6				2					5	κατά	33
ἐλαύνω		2		17									1		4			4	διά	12
ἐλέγχω					1													1	ἐκ	3
ἐλευθερόω								4										1	ξύν	31
ἕλκω	12	1	2				2	7									1	6	ἀνά	4
ἐλπίζω		1					2											2		53
ἐπείγω							1											1	κατά	26
ἔοικα				1														1		
ἑορτάζω				1														1	διά	1
ἐπιχειρέω														1				1	πρό	
ἕπομαι							11		8									2	ἐπί	15
ἐργάζομαι						9			8	1				3	1			5 {	ἐκ / κατά	17
ἐρεθίζω	1																	1	ἀνά	
ἔρομαι								3										1	ἐπί	3
ἔρχομαι (ἐλθεῖν)	1		76	20	47			76	34	12	3	18	41	3	26	18		13 {	ἀπό / ἐπί	172
ἐρωτάω							4											1	ἐπί	13
ἐτάζω					3													1	ἐκ	
εὐδαιμονέω						1												1	ἐν	1
εὕδω								1										1	κατά	
εὑρίσκω	1			2														2		42
ἐρῶ	1	5	3												8			4	πρό	5
*ἐχθάνομαι			4															1	ἀπό	
ἔχω	16	41	49	6				29	48	24	3	126		9	31	12	4	14	παρά	767
ζάω				1	1													2		20
ζεύγνυμι	1																	1	ἀνά	1
ζητέω	2																	1		7
ἡγέομαι				1	11			4	1								1	5	ἐκ	127
*ἡγορέω								10							2			2	κατά	
ἥκω	1			1				4		1	1			1	34			7	πρός	86
ἧμαι								13										1	κατά	
ἡσσάομαι		1																1	ἀντί	34
θάπτω											1							1	ξύν	14
θαρσέω	6																	1	ἀνά	39
θαρσύνω															5			1	παρά	7
θειάζω								2										1	ἐπί	1
θεραπεύω								2										1	ἐπί	22
θέω				1				2							1			3		5

— 17 —

Verben	ἀνά	ἀντί	ἀπό	διά	ἐκ	ἐν	ἐπί	ἐς	κατά	μετά	ξύν	παρά	περί	πρό	πρός	ὑπέρ	ὑπό	Zahl der Präpos.	Bevorzugte Pr.	Zahl des Vorkomm. d. einfach. V.
θνῄσκω			65												1			2	ἀπό	32
θορυβέω				1														1	διά	18
θροέω				2														1	διά	
ἵζω									12									1	κατά	
ἵημι	21		47		2	2	15		6		1	5		11	2			10	ἀπό	1
ἱκνέομαι			192	1	1													3	ἀπό	2
ἱππεύω													2			1		2		
*ἱσόομαι		1																1	ἀντί	
ἰσόω					3													1	ἐκ	
ἵστημι	43	24	146	9	3	2	5		260	25	31	14	23	11		12	14	κατά	78
*ἰσχνέομαι																26	1	ὑπό	
ἰσχυρίζω	1	1															2		7
ἴσχω							3		2					1	5	2		5	πρό	5
καίω									12									1	κατά	5
καλέω	5						4	30	1	1	12	23			22	3		9	ἐπί	78
κάμνω					1													1	ἐκ	5
καρπόω					1													1	ἐκ	2
καρτερέω						1												1	ἐν	4
κεῖμαι	2				5		12	30	1		14		1	4	18		1	10	ἐπί	38
*κελεύομαι					1						24							2	παρά	
κελεύω		2					2				1							3		148
κεράννυμι											1							1	ξύν	2
*κηρυκεύομαι				1			17									1		3	ἐπί	
κηρύσσω	1																	1		9
κινδυνεύω				3	12					3	2		2					5	διά	55
κινέω					1													1	διά	
κλάω	2						3											2		
κλέπτω					1													1	διά	
κληρόω			2	1														2		1
κλῄω			11						4	6	3							4	ἀπό	5
κλίνω					1	1												2		
κλύζω						1	1						1					3		
*κοινόομαι									1									1	ξύν	
κολάπτω					1													1	ἐκ	
κολπίζω									1									1	κατά	
κολυμβάω			1						1									2		
κομίζω	4		9	14	3		13	2		2	6	2			5			10	{διά / ἐς}	90
κομπέω								2										1	ἐπί	1
κόπτω				2	1			4					1	2				5	κατά	8

2

— 18 —

Verben	ἀνά	ἀντί	ἀπό	διά	ἐκ	ἐν	ἐπί	ἐς	κατά	μετά	ξύν	παρά	περί	πρό	πρός	ὑπέρ	ὑπό	Zahl der Präpos.	Bevorzugte Pr.	Zahl des Vorkomm. d. einfach. V.
κοσμέω				5														1	διά	7
κράζω						1												1	ἐν	
κρατέω							17	1										2	ἐπί	72
κρεμάννυμι					1		4											2	ἐπί	
*κρίνομαι			36	10													1	3	ἀπό	
κρίνω	1				2								1					3		38
κρούω	3	1	5		4					2								5	ἀπό	7
κρύπτω			3			1												2	ἀπό	6
κτάομαι	1							3		2							5	4	πρός	46
κτείνω			68															1	ἀπό	20
κτίζω							1											1	ξύν	14
κύπτω						1												1	ἐν	
κυρόω						2												1	ἐπί	2
κωλύω			3	13		1												3	διά	66
λαμβάνω	27	14	27	1		5	67	5	27	36	1	2	24		11		13	κατά	207
λαμπρύνομαι					1													1	ἐν	1
λανθάνω			2															1	διά	60
*λαύω			3															1	ἀπό	
λέγω		18	3	3		2							1					5	ξύν	261
λέγω					4		3		37									3		
λείπω			23	4	27	7	5		34	4		3			23			9	κατά	21
λεύω						1												1	κατά	1
λιμνάζω													1					1	περί	
λιμπάνω						1												1	κατά	
λογίζομαι	2			4														2	ἐκ	14
λογίζω														3				1	πρό	2
λυπέω												2						1	παρά	10
λύω			14	35			44			3							1	5	κατά / διά	46
μανθάνω						1												2		15
μαρτυρέω									1									1	ξύν	
μαρτύρομαι						1												1	ἐπί	2
*μαχέω						1			15									2	ξύν	
μάχομαι	1		1	5					2				1					5	διά	51
*μελέομαι						7												1	ἐπί	
μέλομαι						2												1	ἐπί	
μέλω								7										1	μετά	1
μέλλω		1		10														2	διά	181
μέμφομαι				1					3									2	κατά	13
μένω	6					17	4					4	11	15		1	29	8	ὑπό	57

Verben	ἀνά	ἀντί	ἀπό	διά	ἐκ	ἐν	ἐπί	ἐς	κατά	μετά	ξύν	παρά	περί	πρό	πρός	ὑπέρ	ὑπό	Zahl der Präpos.	Bevorzugte Pr.	Zahl des Vorkomm. d. einfach. V.
μετρέω										2								1	ξύν	
μηχανάομαι		1																1	ἀντί	7
μίγνυμι								3		11					25		1	4	πρός	
μιμνήσκω	4		1					2									6	4	ὑπό	21
μίσγω								3		3							4	3		
μισθόω				1													2	2		4
μνημονεύω				1														1	διά	2
μονόω				1														1	ἀπό	7
μυθέομαι												5						1	παρά	
ναυμαχέω				4						1								2	διά	58
ναυπηγέω		2																1	ἀντί	5
νείφω																	2	1	ὑπό	
νέμω				2		1	1											3		39
*νεόομαι	9																	1	ἀνά	
νεύω					1										1			2		
νέω						1		1										2		2
νικάω					2								2					2		109
*νοέομαι			1	63													8	3	διά	
νοέω							15	6					7					3	ἐπί	
νοστέω			1														1	2		
ξηραίνω			1															1	ἀπό	
οἴγνυμι	15																	1	ἀνά	
οἶδα										11				8				2	ξύν	123
οἰκέω			1	1	1	8	2		8	3		3			3			9	κατά	85
*οἰκίζομαι	4					1												2	ἀνά	
οἰκίζω			1		2				21	7								4	κατά	26
οἰκοδομέω	2		2	2		6	1	1		1	4	1			2			10	ἐν	22
οἰκτίζω		1																1	ἀντί	1
οἰμώζω	1																	1	ἀνά	
ὀκέλλω							2											1	ἐπί	3
ὀκνέω			9					2										2	ἀπό	4
ὀλισθάνω			1															1	ἀπό	
ὄλλυμι			41	3														2	ἀπό	1
ὀλοφύρομαι	1		1													1	2	3		4
ὁμιλέω																		1	πρός	5
ὄμνυμι			1					1		12								3	ξύν	20
ὁμολογέω										1								1	ξύν	18
ὀνομάζω		1						4										2	ἐπί	17
ὀξύνω														4				1	παρά	
ὀπτεύω																	16	1	ὑπό	

2*

— 20 —

Verben	ἀνά	ἀντί	ἀπό	διά	ἐκ	ἐν	ἐπί	ἧς	κατά	μετά	ξύν	παρά	περί	πρό	πρός	ὑπέρ	ὑπό	Zahl der Präpos.	Bevorzugte Pr.	Zahl des Vorkomm. d. einfach. V.
ὁράω						1	3		6				28	6	3	1		7	περί	155
ὀρθόω	1								21									2	κατά	10
ὁρκόω					4													1	ἐκ	2
ὁρμάω			6	3														2	ἀπό	28
ὁρμέω		5					22						2					3	ἐπί	19
ὁρμίζω							1	7	1				1	1			1	6	κατά	15
ὀρύσσω				1				1			1							3		1
ὀτρύνω				2		2												2		
ὀφείλω		1				1								1	2			4		
παλάσσω					1													1	ἐν	
πάσχω	2													3				2		91
παταγέω		1																1	ἀντί	
πατέω								2										1	κατά	
παύω	4			1				4										3	ἀνά / κατά	41
πείθω	15								1									2	ἀνά	213
πειράω	3		9															2	ἀπό	86
πέμπω	1	4	45	9	42		2	9	21	10	5		6	14	6		1	14	ἀπό / ἐκ	203
περαιόω				3														1	διά	27
πήγνυμι								2										1	κατά	4
πηλακίζω														2				1	πρό	
πίμπλημι	1		1	1	1	1												5		1
πίμπρημι						15									1			2	ἐν	1
πίπτω	1		1		22	11	18	16	2	1	9	1	8		53		1	13	πρός	9
πλέκω											1							1	ξύν	
πλέω	1	2	59	11	37	1	42	24	29		15	61	35	1	22			14	παρά / ἀπό	20 3
*πλήγνυμι					1													1	ἐκ	
πληρόω	1	3				1			2					3				5		51
πλήσσω					18			13										2	ἐκ	5
πνέω					2	2												2		
ποιέω		2			4				2		1	8	1	17				7	πρός	433
πολεμέω		2	4	1				5	16					3				6	ξύν	109
πολεμόω				2										1				2		4
πολιορκέω		1		1	11				3									4	ἐκ	59
πολιτεύω						2			3									2		14
πονέω		’			1													1	ἐκ	9
πορεύω				2	1				1									3		47
πορθέω				3	2													2		14

— 21 —

Verben	ἀνά	διά	ἀπό	δι᾽	ἐκ	ἐν	ἐπί	εἰς	κατά	μετά	ξύν	παρά	περί	πρό	πρός	ὑπέρ	ὑπό	Zahl der Präpos.	Bevorzugte Pr.	Zahl des Vorkomm. d. einfach. V.
πορίζω					4						3							2		20
πράσσω	2			6	1						13							4	ξύν	191
πρεσβεύω		1									2							2		20
προθυμέομαι											3							1	ξύν	15
πυνθάνομαι												2						1	πρό	66
ῥάσσω											1							1	ξύν	
ῥέω							1			2								2		5
ῥήγνυμι	3	2					1		1	3								5		
ῥίπτω	4																	1	ἀνά	3
ῥώννυμι	1						8											2	ἐπί	5
σαλεύω		3																1	ἀπό	
σείω	1						1										1	3		2
σημαίνω		1			1												2	3		17
σιμόω		1																1	ἀπό	
σιτίζω					3													1	ἐπί	
σκάπτω							4											1	κατά	1
σκεδάννυμι	1	2																2		7
σκέπω							3											1	κατά	
σκευάζω	2		1		8	10			1	164								6	παρά	3
σκήπτω					2	1												2		1
σκοπέω	2		5						2	5								4		37
σκοτάζω							2											1	ξύν	
σπάω	3	2	6		5	1												5	διά	
σπείρω			2															1	διά	
σπένδω					1													1	ἐπί	41
σπέργω					1	1												2		
σπεύδω		1																1	ἀπό	10
σταυρόω	1	3	1											1	1	1		6	ἀπό	2
στέλλω	3	64			12			1						1				5	ἀπό	4
στερέω		6																1	ἀπό	16
στρατεύω					8	8			28									3	ξύν	111
στρατοπεδεύομαι	2		1	1														3		27
στρέφω	5	6			3	19	9									2		6	κατά	
σύρω		1																1	ἀπό	
σφάζω		2																1	ἀπό	2
σῴζω		23							1									2	διά	54
ταλαιπωρέω					1							1						2		16
ταράσσω							1											1	ξύν	13
τάσσω		10	6		11		1	14	19			3	22					8 { πρός / παρά		65

Verben	ἀνά	ἀντί	ἀπό	διά	ἐκ	ἐν	ἐπί	ἐς	κατά	μετά	ξύν	περί	πρό	πρός	ὑπέρ	ὑπό	Zahl der Präpos.	Bevorzugte Pr.	Zahl des Vorkomm. d. einfach. V.
ταχύνω							1										1	ἐπί	
τείνω														3		1 2	3		
τειχίζω			19		4	1	2		2			11		1		1	8	ἀπό	61
τεκμαίρομαι											1						1	ξύν	3
τελέω			3	3			10		2					1		1	6	ἐπί	4
τελευτάω						1											1	ἐν	89
τέμνω			1			1			3								3	ξύν	35
τεχνάομαι						1											1	ἐκ	3
τηρέω							3										1	ἐπί	16
τίθημι	13	3	1	3			39	1	19	2	18	1	3	19	36	4	14	ἐπί / πρός	39
τίκτω					1												1	ἐν	
τιμάω							3						6				2	πρό	24
τιμωρέω		1											2				2		25
τίνω					2												1	ἐκ	
τολμάω	2	1															2		33
τοξεύω								1									1	κατά	4
*τοπεύω																1	1	ὑπό	
τοπέω																8	1	ὑπό	
τραυματίζω								5									1	κατά	4
τρέπω			22		1		24					1		2			5	ἐπί / ἀπό	105
τρέφω				1													1	διά	11
τρέχω	1			2	1		3	2	4		1						7	κατά	
τρίβω				7					1		1						3	διά	7
τροχόω				2													1	ἐκ	3
τυγχάνω		1				11	7			2	10	12	1				7	περί	135
ὑβρίζω					2		1										2		7
ὑστερίζω							1										1	ἐπί	1
φαίνω	1		19	4	1		1	1						2		1	8	ἀπό	101
φέρω	5		7	24	3		40	10	9	1	42	3	1	12	20	5	14	ξύν / ἐπί	78
φεύγω			6	44	1				34							4	5	διά	58
φθάνω													3				1	πρό	50
φθείρω			1	151													2	διά	40
φθλέγω							1	1									2		
φοβέω						8			2	1							3	ἐκ	108
φοιτάω								2									1	ἐπί	7
φορέω	1		2				1		1								4		4
φράγνυμι				1													1	ἀπό	1

Verben	ἀνά	ἀντί	ἀπό	διά	ἐκ	ἐν	ἐπί	ἐς	κατά	μετά	ξύν	παρά	περί	πρό	πρός	ὑπέρ	ὑπό	Zahl der Präpos.	Bevorzugte Pr.	Zahl des Vorkomm. d. einfach. V.
φράσσω				1			2											2		4
*φρέω							1											1	διά	
φρονέω									13			1			3			3	κατά	12
φροντίζω					1													1	ἐκ	
φρουρέω							2						1					2		22
φυγγάνω				1														1	διά	
φυλάσσω				1										3				2	πρό	
φωράω							2											1	κατά	1
χειμάζω				4			1											2	διά	8
χειρίζω						2			5									2	μετά	
χειροτονέω	2																	1	ἀντί	
χέω			2															1	διά	
χόω															2			1	πρός	4
χράω		3	3			1												3		143
χρηματίζομαι				1														1	ἐκ	
χρονίζω					1													1	ἐν	2
χωλόω		1																1	ἀπό	
χωρέω	144	52			1				2	25					37	45	30	8	ἀνά	103
ψηφίζομαι		1				1												2		48
ψηφίζω	1			4														2	ἐπί	
ψύχω		1	1															2		
ὠθέω	1	17	2	9								2						5	ἀπό	6
(397)																				

Tafel II.

Statistik für diprothetische Verben.

Verben	Zahl der Kombin.	Präpositionale Kombinationen	Zahl d. Vork.	Verben	Zahl der Kombin.	Präpositionale Kombinationen	Zahl d. Vork.
ἀγορεύω	1	προσκατα	1			προανα	1
ἄγω	10	ἀνθυπο	1			προεκ	2
		ἀντανα	12	αἰνέω	2	ξυνεπι	1
		ἀντεπι	2			προεπι	1
		ἐξανα	2	αἱρέω	6	ἐπικατα	1
		ἐπανα	2			ξυνανα	1
		ἐπεκ	3			ξυναπο	1
		ἐπικατα	2			ξυγκατα	5
		ξυνεπι	4			προσανα	1

Verben	Zahl d. Kombin.	Präpositionale Kombinationen	Zahl d. Vork.	Verben	Zahl d. Kombin.	Präpositionale Kombinationen	Zahl d. Vork.
		ὑπεχ	1			προδια	2
αἴρω	1	ἐπανα	1			προκατα	1
αἰτέω	1	ἀνταπο	1	δαρθάνω	1	ἐπικατα	1
αἰτιάομαι	1	ξυνεπι	1	δίδωμι	3	ἀνταπο	7
*ἁλίσκω	3	ἀπανα	4			καταπρο	7
		προανα	2			ὑπεν	1
		ὑπανα	2	διώκω	1	ξυγκατα	1
ἀλλάσσω	1	ἐξαπο	1	δουλόω	1	ξυγκατα	2
ἁμαρτάνω	1	ξυνεχ	1	ἔζομαι	3	ἀντικατα	2
ἀμύνω	1	ξυνεπι	1			ἐγκατα	2
ἀντάω	1	προαπο	3			προσκατα	6
*ἄρχομαι	1	προκατα	1			ἐπιπαρα	1
ἄρχω	1	προὔπο	5	εἰμί	2	ξυμπαρα	1
ᾄσσω	1	προεχ	1			ἀντανα	1
βαίνω	9	ἐπανα	1	εἶμι	11	ἀντεπι	5
		ἐπεχ	2			ἀντιπρο	1
		ἐπεσ	2			ἐπεχ	20
		ἐπιδια	1			ἐπικατα	1
		ἐπικατα	5			ἐπιπαρα	5
		ξυνδια	1			ξυνεχ	1
		ξυγκατα	1			ξυνεπι	1
		προανα	1			προεχ	1
		ὑποκατα	1			προσανα	1
βάλλω	8	ἐπεσ	1			ὑπαπο	2
		ξυνδια	2	εἶπον	1	ἐπανα	1
		ξυνεσ	2	ἐργάζομαι	1	ξυγκατα	1
		προδια	1	ἔρχομαι	10	διεχ	3
		προεν	1			ἐπανα	3
		προπαρα	1			ἐπεχ	23
		προσξυν	1			ἐπεσ	2
		προσπερι	2			ξυνεχ	1
βιβάζω	3	ἀντεν	1			ξυνεσ	2
		ἐπανα	1			παρεχ	1
		μετεν	1			προαπο	2
βοηθέω	1	ἐπεχ	1			προεχ	1
βουλεύω	2	ἀντεπι	3			ὑπεχ	5
		προεπι	1	εὔχομαι	1	ξυνεπι	1
γίγνομαι	2	ξυμπαρα	2	ἔχω	6	ἀντιπαρα	1
		προξυν	2			ἐμπαρα	2
γιγνώσκω	3	ξυνδια	2			παρακατα	1

Verben	Zahl d. Kombin.	Präpositionale Kombinationen	Zahl d. Vork.	Verben	Zahl d. Kombin.	Präpositionale Kombinationen	Zahl d. Vork.
		προανα	1			ξυνεπι	5
		προκατα	1			ξυγκατα	2
		προσπαρα	1			προκατα	16
ἧμαι	6	ἀντικατα	1	λέγω	1	ἐγκατα	1
		ἐπικατα	1	λείπω	4	ἐγκατα	11
		ξυγκατα	2			ξυγκατα	1
		παρακατα	1			παρακατα	1
		προκατα	1			προσκατα	2
		προσκατα	7	λυπέω	1	ἀντιπαρα	1
θέω	2	ἐπεκ	2	μελέομαι	1	ξυνεπι	1
		προεκ	1	μένω	2	ἀντανα	1
θνῄσκω	1	ἐναπο	2			ξυμπαρα	1
ἵημι	2	διεκ	1	νέμω	1	ξυγκατα	1
		ἐπανα	1	νεύω	1	ξυναπο	1
ἱκνέομαι	2	προαπο	2	νέω	1	ἐπιπαρα	1
		προσαπο	1	οἰκέω	1	προσξυν	3
ἴσοω	1	ἐπανα	1	οἰκίζω	1	ξυγκατα	4
ἵστημι	13	ἀντικατα	7	οἰκοδομέω	1	ἐγκατα	1
		ἀπανα	7	ὄλλυμι	3	ξυναπο	2
		ἐγκατα	3			προαπο	2
		ἐξανα	4			προσαπο	2
		ἐπανα	5	ὀπτεύω	1	ἀνθυπο	1
		ἐπικατα	1	ὀρθόω	1	ἐπανα	1
		μετανα	3	ὁρμίζω	1	ἐγκατα	1
		ξυναπο	8	πείθω	1	ξυνανα	1
		ξυνεπι	1	πέμπω	5	ἐπιμετα	2
		ξυγκατα	3			ξυμπρο	1
		προαπο	1			προαπο	1
		προκατα	1			προσμετα	2
		προσαπο	1			ὑπεκ	1
ἴσχω	1	παρανα	1	πήγνυμι	1	παρακατα	1
καλέω	2	ἀντιπαρα	1	πίπτω	1	ξυνεσ	2
		προσπαρα	3	πλέω	6	ἀντεκ	1
καλεύομαι	1	ἀντιπαρα	1			ἀντιπαρα	1
κεῖμαι	1	ὑπεκ	2			διεκ	2
κλάω	1	ἐναπο	1			ἐπεκ	1
κομίζω	2	ξυμπαρα	2			ἐπεσ	2
		ὑπεκ	1			ξυνεκ	1
λαμβάνω	5	ἐγκατα	8	πολεμέω	1	ξυνδια	1
		ἐπικατα	2	σκευάζομαι	1	ἀντιπαρα	3

— 26 —

Verben	Zahl d. Kombin.	Präpositionale Kombinationen	Zahl d. Vork.	Verben	Zahl d. Kombin.	Präpositionale Kombinationen	Zahl d. Vork.
σκευάζω	2	ξυγκατα	1			ξυνεκ	1
		προπαρα	3	φεύγω	2	πρικατα	3
σκήπτω	1	ἐγκατα	1			ὑπεκ	2
στέλλω	4	ξυναπο	1	φθείρω	1	προδια	2
		προαπο	3	χωρέω	5	ἐξανα	11
		προσαπο	1			ἐπανα	15
		προσεπι	2			προανα	1
στρατεύω	1	ξυνεπι	1			προαπο	1
στρέφω	2	ἐπανα	2			ὑπανα	1
		ξυγκατα	1	ψεύδομαι (86)	1	ἐπικατα	1
σώζω	1	ξυνδια	3				
τάσσω	2	ἀντεπι	1	Triprothetische Verben.			
		ἀντιπαρα	6	ἄγω	3	ἀντεπανα	1
τειχίζω	1	ἀντεπι	1			ἀντεπεχ	1
τίθημι	3	ἀντεπι	1			ὑπεξανα	1
		ξυνεπι	5	εἰμι	1	ἀντεπεχ	2
		ὑπεκ	1	ἐλαύνω	1	ἀντεπεχ	1
τρίβω	1	ἐνδια	5	ἔρχομαι	1	ἀντεπεχ	1
φαίνω	1	ἀνταπο	2	εὑρίσκω	1	προσεπεχ	1
φέρω	3	ἐπεσ	1	ἵστημι	1	ξυνεπανα	1
		ἐπιδια	1	σείω (7)	1	προσπανα	1

Tafel III
Präpositionale Kombinationen.

a) Diprothetische Verben.		Kombin.	Zahl d. Verben	Kombin.	Zahl d. Verben	Kombin.	Zahl d. Verben
Kombin.	Zahl d. Verben	ἀντιπρο	1	ἐπιδια	2	ξυναπο	5
		ἀπανα	2	ἐπεκ	7	ξυνδια	5
ἀνθυπο	2	διεκ	3	ἐπες	5	ξυνεκ	5
ἀντανα	4	ἐξανα	3	ἐπικατα	9	ξυνες	3
ἀνταπο	3	ἐξαπο	1	ἐπιμετα	1	ξυνεπι	11
ἀντεπ	1	ἐναπο	2	ἐπιπαρα	3	ξυγκατα	13
ἀντεν	1	ἐνδια	1	καταπρο	1	ξυμπαρα	4
ἀντεπι	6	ἐγκατα	8	μετανα	1	ξυμπρο	1
ἀντικατα	3	ἐμπαρα	1	μετεν	1	παρανα	1
ἀντιπαρα	7	ἐπανα	12	ξυνανα	2	παρεκ	1

— 27 —

Kombin.	Zahl d. Verben	Kombin.	Zahl d. Verben	Kombin.	Zahl d. Verben
παρακατα	4	προξυν	1	προσξυν	2
προανα	5	προπαρα	2	προσπαρα	2
προαπο	8	προυπο	1	προσπερι	1
προδια	3	προσανα	2	υπανα	2
προεκ	5	προσαπο	4	υπαπο	1
προεν	1	προσεπι	1	υπεκ	7
προεπι	2	προσκατα	4	υπεν	1
προκατα	7	προσμετα	1	υποκατα	1
				(66)	

b) Triprothetische Verben.

Kombin.	Zahl d. Verben
αντεπανα	1
αντεπεκ	4
ξυνεπανα	1
προεπανα	1
προσεπεκ	1
υπεξανα	1
(6)	

Tafel IV.
Statistik für die Präpositionen.

Präpositionen	Zahl d. Vork. d. einfach. Pr.	Zahl d. Verb. in Komposit.	Zahl d. monoproth. Verb.	Zahl d. diproth. Verb.	Zahl d. triproth. Verb.	Zahl der Exklusiva	Zahl der ἄπαξ εἰρ.	Zahl d. Vork. m. bevorzugten Verb	Zahl d. Vork. m. bevorzugt. Präposition	Stelle in der Rangordn. d. verbund. Pr.	Stelle in der Rangordn. d. unverb. Pr.	Bevorzugte Verben
ἀμφί	2											
ἀνά	2	77	77			17	9	144	5	9	16	χωρέω
ἀντί	52	80	48	27	5	10	7	41		8	14	ἔχω, ἵστημι, εἶκον
ἀπό	634	114	112	2		23	15	192	22	3	6	ἱκνέομαι
διά	534	101	98	3		18	10	151	14	6	8	φθείρω
ἐκ	897	89	85	4		17	9	47	8	7	4	ἔρχομαι, πέμπω
ἐν	1794	67	55	12		13	11	38	3	11	1	δίδωμι
ἐπί	1216	156	117	39		20	5	83	23	1	3	εἰμί, γίγνομαι, ἔρχομαι
ἐς	1692	23	23					65	1	16	2	βάλλω
κατά	861	105	104	1		25	12	260	16	5	5	ἵστημι
μετά	619	24	22	2		1		25		15	7	ἵστημι
ξύν	35	154	103	50	1	19	13	130	10	2	15	βαίνω
παρά	282	54	48	6		8	4	173	7	13	11	εἰμί
περί	478	43	43			2	2	46	3	14	9	γίγνομαι
πρό	80	105	69	35	1	6	1	37	7	5	12	χωρέω
πρός	861	74	56	17	1	2		67	11	10	5	βάλλω
ὑπέρ	64	11	11			1	1	9		17	13	βαίνω
ὑπό	422	58	45	12	1	5	1	94	3	12	10	ἄρχω

III. Untersuchung und Beurteilung der Statistik.

Einleitung.

Die Präposition ist ein lokales Adverb.

Das Wesen des Verbs ist, nach der vorwiegenden Definition, die Aussage.

Es giebt keine Art von Aussage, welche nicht aktuelle oder potentielle Bewegung enthält. Auf jeden Fall sind wir bei der Betrachtung der Präpositionen oder ihrer Beziehung zum Verb berechtigt, das Element besonders hervorzuheben, welches notwendigerweise das fundamentalste ist. Durch das in dem Verbum enthaltene Moment der Bewegung wird es dazu befähigt, eine bestimmte Richtung zu erhalten.

Die grundlegende Bedeutung einer Präposition ist die des Ortes. Die Abweichungen von dieser Bedeutung, der Übergang von Ort auf Zeit oder das Verblassen der ursprünglichen Färbung, alles hat seinen Ursprung in der grundlegenden Bedeutung des Ortes.

Es ist unnötig, die gegenseitige Abhängigkeit und Verwandtschaft der Bedeutung von Bewegung und Ort darzulegen. Der Ort schliesst Bewegung in sich, gerade wie die Präposition das Verb in sich schliesst. Es liegt auch in der Natur der Sache, dass gewisse Formen der Bewegung eine natürliche Affinität für gewisse Beziehungen des Ortes zeigen, während einige Formen der Bewegung und des Ortes sich ganz und gar nicht mit einander mischen wollen. Dies ist den verschiedenen Modifikationen der Bewegung, welche das Verb annimmt, zuzuschreiben. Unter Modifikationen der Bewegung verstehen wir die Änderung ihrer Färbung, die Bestimmung ihrer Art, oder den Hinweis auf ihre Richtung. Eine völlig reine Bewegung ist frei von solcher Modifikation. Wenn es ein Verb gäbe, welches die Bewegung ohne Beziehung auf Färbung, Art oder Richtung, ausdrückte, so könnte man sagen, dass es eine reine Bewegung bezeichnet. Aber eine reine Bewegung giebt es nicht in der Sprache. Die Sprache beginnt mit konkreten Wahrnehmungen, wie allgemein auch der Ausdruck jener Wahrnehmungen, nachdem dieselben einmal Gestalt angenommen haben, gewesen sein mag. Daher giebt es gewisse Verben, welche die Bewegung in allgemeinerer Weise ausdrücken als andere; so wird z. B. εἶμι, wie konkret auch immer die Wahrnehmung war, die es ursprünglich bezeichnete, für so verschiedene Arten der Bewegung gebraucht, dass man es für den Zweck der vorliegenden Arbeit als ein Verbum betrachten kann, das nahezu reine Bewegung ausdrückt.

Die Bewegung in einem Verb wird innerlich oder äusserlich modifiziert.

Innerliche Modifikation.

Zum Zweck der vorstehenden Betrachtung wollen wir die Verben in zwei Klassen einteilen, solche, welche aktuelle Bewegung und solche, welche potentielle Bewegung ausdrücken. Als Verben mit aktueller Bewegung sind alle die anzusehen, bei denen Bewegung in ihrer Färbung, Art oder Richtung mehr oder weniger deutlich hervortritt. Verben mit potentieller Bewegung dagegen umfassen die Verben des Seins, der Rede, des Gedankens, der Wahrnehmung. Selten sind Verben, welche verhältnismässig reine Bewegung ausdrücken; die Sprache braucht deren nicht viele. Die Verben εἶμι, ἔρχομαι (ἐλθεῖν), und weiterhin βαίνω, geben die besten Beispiele von verhältnismässig reiner Bewegung in der Sprache.

Dass εἶμι gut gewählt ist, beweist die folgende Betrachtung: 1. Es wird für verschiedene Arten der Bewegung ohne Unterschied gebraucht, so, für »gehen«, Il. 7. 213: ποσσὶν ᾖε μακρὰ βιβάς; für »eilen«, Od. 15. 213: ἀλλ' αὐτὸς καλέων δεῦρ' εἴσεται; für das Fliegen der Vögel, Il. 17. 756; für die Bewegung von Sachen, Il. 3. 61: πέλεκυς εἶσιν διὰ δουρός; etc. 2. Man sieht es daraus, dass es fast ebenso oft auf die Frage »woher?« als auf die Frage »wohin?« antwortet; ersichtlich ist dies aus der Zusammensetzung des Verbs mit den Präpositionen ἀπό und πρός, von denen letztere 29mal, erstere 28mal sich mit εἶμι verbunden findet. Dem widerspricht nicht die Thatsache, dass ἐπί 83mal in Verbindung mit diesem Verb vorkommt. Denn ἐπί wird in feindlichem Sinne gebraucht, und die Sphäre von ἐπιέναι im Thukydides ist eine militärische, eine Thatsache, die man niemals vergessen darf. Darum ist das Vorwiegen von ἐπί in dieser Hinsicht von keinem Belang.

Ἔρχομαι ist auch ein gutes Beispiel für den Ausdruck verhältnismässig reiner Bewegung in der Sprache. Dafür spricht (1) die Thatsache, dass es häufig mit einem Partizip oder einem anderen Worte gebraucht wird, wodurch die Art und Weise der Bewegung ausgedrückt wird. Z. B. Il. 11. 715: ἦλθε θέουσα; id., 10. 510: πεφοβημένος ἔλθῃς; Od. 6. 40: πόδεσσιν ἔρχεσθαι; Il. 5. 204: πεζὸς εἰλήλουθα; vom Segeln, Od. 14. 334. Überhaupt kommt dieses Verb als Bezeichnung für die Bewegung von Speeren, Wurfspiessen oder für Bewegungen aus dem Reiche der Natur, wie z. B. bei Flüssen, Wind und Sturm, Wolken und Sternen, Zeit und Laut, zu häufig vor, als dass man es an einzelnen Fällen festzustellen brauchte; vielmehr ist es ausreichend, die verhältnismässige Reinheit der darin enthaltenen Idee der Bewegung zu konstatieren. (2) Ein anderer Beweis wird durch die Thatsache geliefert, dass ἔρχομαι die Rolle des Präsens für ἥκω und οἴχομαι übernommen hat, zweier Verben der Bewegung mit gerade entgegengesetzten Ausgangspunkten. Hier wiederum finden wir jenes selbe präpositionale Gleichgewicht, wie bei εἶμι; nur sind es in diesem Falle die Präpositionen ἀπό und ἐπί, die Komposita ἀπέρχομαι (ἀπελθεῖν) und ἐπέρχομαι (ἐπελθεῖν), von denen jedes 76 mal vorkommt.

Εἶμι und ἔρχομαι zunächst, wenn auch ziemlich entfernt, steht βαίνω. In βαίνω wird nämlich einerseits wenigstens schon eine gewisse Färbung sichtbar, andererseits zeigt sich noch verhältnismässig reine Bewegung darin, dass ein Partizip oft das Verb begleitet, um die Art der Bewegung anzugeben. Z. B.: Il. 2. 665: βῆ φεύγων; und Il. 2. 167: βῆ ἀΐξασα. Ein anderer Beweis ist der, dass gewisse Tempora von βαίνω durch εἶμι und ἔρχομαι (ἐλθεῖν) ersetzt werden.

Diese drei Verben, εἶμι, ἔρχομαι (ἐλθεῖν) und βαίνω, stehen zu denjenigen Verben, die gewöhnlich in den Grammatiken unter den Verben der Bewegung angeführt werden, in demselben Verhältnis wie ποιέω zu den Verben der Handlung im weitergehenden Sinne.

In demselben Augenblick, wo der Bewegung eines Verbums Färbung verliehen wird, tritt eine innerliche Modifikation ein und die Sphäre des Verbs verengert sich. Die erste Beschränkung der Idee der Bewegung tritt in dem Ausdruck seines Charakters und seiner Art ein; so in βάλλω, πέμπω, πίπτω, φέρω, ἵστημι, τίθημι, ἔχω, in πλέω, θέω, τρέχω u. s. w. Noch weitere und bedeutendere Beschränkung findet man in dieser Hinsicht bei Verben, welche mit grösserer oder geringerer Genauigkeit die Richtung ihrer Bewegung ausdrücken, wie z. B. ἥκω, οἴχομαι, διώκω, ἀκολουθέω u. s. w. Verben, in welchen die Idee der Bewegung verdunkelt oder in der Färbung der Handlung sogar verloren ist, bilden eine andere Gruppe, bei weitem die grösste, der fast endlosen Verschiedenheit der Thätigkeiten entsprechend. So bald eine neue Thätigkeit ins Leben tritt, wird ein neues Verb in der Sprache geschaffen. So wird die Geschichte des Verbs zur Geschichte der Civilisation. Es ist augenscheinlich, dass Verben wie τειχίζω, βοηθέω, μάχομαι u. s. w. mehr Färbung oder Anschaulichkeit haben als εἶμι, πέμπω oder ἥκω; noch weniger Bewegung, damit zugleich aber mehr Färbung als die erst genannten Verben enthalten Zeitwörter wie ἄρχω, κλέπτω, ὄλλυμι, καίω u. s. w. Auch kann die Idee der Bewegung fast vollständig verdrängt werden, z. B. in Verben wie εὕδω und θνήσκω. Wir sehen also, dass Bewegung in einem Verb innerlich modifiziert wird: nach Färbung, Art und Richtung.

Äusserliche Modifikation.

Bei äusserlicher Modifikation ist das Problem einfacher. Es hat mit unserer Aufgabe nichts zu thun, hier die äusseren Grenzen der Bewegung zu erörtern, welche durch adverbiale oder nominale Mittel erzeugt wird. Solche Einflüsse bringen nicht irgend welchen Wechsel in dem Charakter der Bewegung hervor, welcher durch das Verb ausgedrückt wird.

Ich habe schon definiert, was ich unter dem Ausdruck der Modifikation verstehe. Äusserliche Modifikation ist auf die Richtung beschränkt und daher auf die Präpositionen. Wir haben es also nur mit Präpositionen in der Komposition zu thun. Unser Gegenstand kann so bestimmt werden: Die Begrenzung der äusseren Modifikation durch die innere. Es ist nämlich augenscheinlich, dass gewisse Arten der Bewegung sich nicht mit gewissen Arten der Richtung vereinigen lassen. Begrenzungen, hierdurch hervorgerufen, sind natürlich. Gewisse Arten der Bewegung hinwiederum sind so charakteristisch für gewisse Zweige der Litteratur, dass sie mehr oder weniger ausschliesslich auf diese beschränkt sind. Andererseits kann es in der Beschaffenheit eines Litteraturzweiges liegen, dass er gewisse Arten der Richtung oder Modifikationen der Bewegung ausschliesst. Die Neigung einer gewissen Art der Bewegung für eine gewisse Richtung kann wiederum so stark sein, dass durch sie allein das Einschlagen anderer Richtungen, welche an sich keineswegs der Idee der Bewegung widerstreben, ausgeschlossen wird; so ergiebt sich Usurpation vom Standpunkte der Richtung und Exklusion vom Standpunkte der Bewegung aus. Solche Begrenzungen sind empirisch und künstlich.

Da wir also sehen, dass die hauptsächlichsten Elemente, welche dem Verb und der Präposition zu Grunde liegen, Ort, Bewegung, Richtung sind, so wollen wir nun prüfen, wie diese Elemente die Komposition von Verben mit Präpositionen, so weit die Sprache des Thukydides in Betracht kommt, beeinflussen, und welches Licht werfen sie auf die zu Beginn der Abhandlung aufgeworfenen Fragen nach dem Bereich, der Verwandtschaft, der Bevorzugung, dem Färbungsverluste der Präpositionen.

Vielleicht ist es, um zu einem Resultat zu gelangen, am zweckdienlichsten, eine absteigende Reihe von Verben nach Massgabe der Zahl der mit ihnen kombinierbaren Präpositionen so weit zu geben, bis es möglich ist, an der Hand des gebotenen Materials zu erkennen, wie der fallenden Präpositionszahl eine Veränderung hinsichtlich der Färbung, der

— 33 —

Art oder der Richtung der durch die einzelnen Verben zum Ausdruck gebrachten Bewegung entspricht.

Im folgenden ist eine Liste für diesen Zweck aufgestellt worden.

16 Präpositionen		6 Präpositionen		
βάλλω	εἰμί	βοηθέω	κόπτω	πολιορκέω
(1)	ἵημι	δέχομαι	κρούω	πράσσω
	κεῖμαι	διώκω	λέγω	σκοπέω
14 Präpositionen	κομίζω	ἕλκω	λύω	φορέω
ἄγω	οἰκοδομέω	ἥκω	μάχομαι	(18)
ἔχω	(7)	(3) (3)	πίμπλημι	
ἵστημι	9 Präpositionen	κρίνω -ομαι	πληρόω	3 Präpositionen
πέμπω	ἀγγέλλω	(3) (3)	ῥήγνυμι	(1) (2)
πλέω	βιβάζω	νοέω -ομαι	σπάω	βιάζω -ομαι
φέρω	γράφω	(4) (2)	στέλλω	αἰνέω
(6)	καλέω	οἰκίζω -ομαι	τρέπω	(2) (1)
	λείπω	ὁράω	φεύγω	αἰτέω -ομαι
13 Präpositionen	οἰκέω	ὁρμίζω	ὠθέω	(1) (2)
βαίνω	(6)	πολεμέω	(23)	ἀμύνω -ομαι
ἔρχομαι (ἐλθεῖν)	8 Präpositionen	σκευάζω		ἀναγκάζω
λαμβάνω	μένω	σταυρόω	4 Präpositionen	ἀρτάω
πίπτω	τάσσω	στρέφω	ἀγορέω	δέω
τίθημι	τειχίζω	τελέω	ἀκούω	*διαιτάομαι
(5)	φαίνω	(15)	(3) (1)	θέω
	χωρέω		ἅπτω -ομαι	ἱκνέομαι
12 Präpositionen	(5)	5 Präpositionen	(3) (1)	κηρυκεύομαι
(9) (3)	7 Präpositionen	ἀγωνίζομαι	βουλεύω -ομαι	κλύζω
αἱρέω -ομαι	ἀλλάσσω	αἴρω	διδράσκω	κωλύω
εἰμί	γιγνώσκω	βοάω	δύω	λέγω
(2)	εἶδον	δείκνυμι	ἐλαύνω	μίσγω
	εἶπον	εἴργω	ἐρῶ	νέμω
10 Präpositionen	ποιέω	ἐργάζομαι	(3) (1)	ὀλοφύρομαι
γίγνομαι	τρέχω	ἡγέομαι	ἰσόω -ομαι	ὄμνυμι
δίδωμι	τυγχάνω	ἴσχω	κλήω	ὁρμέω
	(7)	(3) (1)	κτάομαι	ὀρύσσω
		κελεύω -ομαι	μίγνυμι	παύω
		κινδυνεύω	μιμνήσκω	πορεύω
			ὀφείλω	σείω

3

		2	1
σημαίνω	τρίβω	Präpositionen	Präposition
στρατεύω	φοβέω	(97)	(181)
στρατοπεδεύ-	φρονέω	s. Tafel I.	s. Tafel I.
ομαι	χράω		
τείνω	(32)	Summa: 387, wobei zehn	
τέμνω		Media nicht gezählt sind.	

Wie ich schon gezeigt habe, sieht man verhältnismässig reine Bewegung am besten bei εἰμι, ἔρχομαι (ἐλθεῖν) und βαίνω. Ein gewisser Charakter wird der Bewegung aufgeprägt in Verben wie βάλλω, ἄγω, ἔχω, φέρω u. s. w.; die Art und Weise der Bewegung tritt in πλέω, πίπτω, ἵστημι, θέω u. s. w., ihre Richtung bei ἥκω, λείπω, ἕπομαι, διώκω u. s. w. zu Tage, während in Verben wie μάχομαι, ἀναγκάζω u. s. w. die Wahrnehmung der Bewegung hinter der Färbung der Thätigkeit zurücktritt, um in ἄρχω, δέω, γελάω allmählich geringer und in ἀδικέω, εὕδω, θνήσκω schliesslich überhaupt kaum gefühlt zu werden.

Dieselbe Variation in der Färbung sieht man auch bei Verben, welche potentielle Bewegung ausdrücken. So sind von Verben des Seins εἰμί und γίγνομαι fast nahezu farblos. Die metaphysische Idee der Bewegung bei solchen Verben wird oft physisch, wenn ihr Richtung gegeben wird. Sie verblasst, wenn die Idee der Existenz einer bestimmten Lage Platz macht. Cf. ζάω, εὐδαιμονέω.

In gleicher Weise kann man von Verben des Sprechens, ἀγορεύω, εἶπον und λέγω (φημί kommt in der Komposition nicht vor), sagen, dass sie fast nahezu farblos sind. Die Idee des Sprechens gewinnt an Charakter, d. h. seine Art wird deutlich in καλέω und γράφω, noch mehr in βοάω, δείκνυμι, am meisten in ψηφίζω-ομαι, ὄμνυμι, μαρτυρέω-ομαι; schwächer wird sie bei grösserer Färbung in διδάσκω, ὁμολογέω.

Betrachten wir endlich die Verben des Denkens und der Wahrnehmung, so findet diese Art potentieller Bewegung ihren reinsten Ausdruck in den Verben νοέω-ομαι, γιγνώσκω (οἴομαι wird in der Komposition nicht gebraucht); Färbung erhält sie in κρίνω -ομαι einer-, in εἶδον, ὁράω und ἀκούω andererseits, während in μιμνήσκω, φοβέω und ἐλπίζω die Beweglichkeit des Gedankens durch Färbung ersetzt wird, in αἰσθάνομαι und μανθάνω Gedanken und Wahrnehmung gemischt sind.

Es ergiebt sich daher von diesem allgemeinen Gesichtspunkt der kombinierbaren Verben mit Hilfe der oben gegebenen statistischen Tafeln, dass die Reihe der Präpositionen am grössten ist bei denjenigen Verben, welche die Bewegung fast nahezu in ihrer Reinheit ausdrücken, aktuell oder potentiell, physisch oder in den Formen des Seins, der Sprache, des Gedankens oder der Wahrnehmung, und dass in dem Masse als diese Ausdrücke einer verhältnismässig reinen, sei es physischen, sei es metaphysischen Bewegung der Bestimmung von Färbung, Art oder Richtung Platz machen, die Reihe der Präpositionen geringer wird. Das heisst:

Im allgemeinen steht die Reihe mit einem Verbum kombinierbarer Präpositionen im direkten Verhältnis zu der annäherenden Deutlichkeit, mit welcher das Verb reine Bewegung ausdrückt.

Bis andere Autoren jedoch in derselben Weise untersucht sind, können wir nicht mit Sicherheit weitergehen, als zu sagen, dass die Merkmale, insoweit Thukydides in Betracht kommt, für diese Thatsache sprechen, und sogar hier giebt es einige mögliche Einwendungen. Es sind deren nicht viele und sie bieten keine Schwierigkeit für die Beantwortung.

1. Man kann einwenden, dass βάλλω, obgleich es, insofern in ihm der Charakter der Bewegung hervortritt, nicht reine Bewegung ausdrückt, wie wir sie definiert haben, trotzdem mit einer grösseren Reihe von Präpositionen verbunden wird als irgend ein anderes Verb, einschliesslich aller derjenigen, welche als Verben von verhältnismässig reiner Bewegung angeführt wurden. Das heisst, βάλλω steht an der Spitze mit einer Reihe von 16 Präpositionen, während kein einziges Verb im Thukydides mehr als 14 aufweist. Ὑπό ist die einzige von den 17 eigentlichen Präpositionen in der Prosa, mit der βάλλω nicht verbunden wird. Aber auch diese Präposition sowie ἀμφί findet sich bei Homer in der Zusammensetzung

mit βάλλω. Andererseits hat εἶμι nur eine Reihe von 12 Präpositionen, ἔρχομαι (ἐλθεῖν) und βαίνω je eine solche von 13. Zur Erklärung dieser Thatsache führen folgende drei Erwägungen. (1) Von den Verben εἶμι, ἔρχομαι (ἐλθεῖν) und βαίνω, hat im Simplex nicht eins vollständig alle Zeiten, vielmehr müssen sie sich gegenseitig in den fehlenden Formen ergänzen. Man nehme die drei Verben als eins, und die Reihe der Präpositionen erhöht sich auf 15. (2) Das Fehlen von ἀντί in der Reihe von εἶμι, ἔρχομαι (ἐλθεῖν) und βαίνω ist bezeichnend. Diese Erscheinung ist auf das Festhalten an der eigentlichen und ausgeprägten Bedeutung von ἀντί zurückzuführen. Letztere wird sich aus später zu besprechenden Fällen ergeben. Für den gegenwärtigen Fall genügt es festzustellen: die ἀντί eigene Bedeutung äussert sich in der Weise, dass es Verben von mehr Ausdruck oder Färbung als blosser Bewegung an sich zieht und daher findet man es mit Verben wie ἀγωνίζομαι, εἶπον, ἵστημι, τάσσω u. s. w. verbunden. Diese Thatsache des gegenseitigen Zustrebens von Verb und Präposition werden wir auch bei anderen Erscheinungen Gelegenheit haben zu bemerken. Dass die innere Bedeutung von ἀντί in der Komposition stärker ist und bleibt als die anderer Präpositionen, wird in der Diprothesis und der Triprothesis deutlich. Die Zahl der Fälle, in denen sie sich triprothetisch findet, im Verhältnis zur Gesamtzahl der Fälle ihrer Kombinationen übertrifft die der anderen Präpositionen. In 5 von 9 triprothetischen Fällen ist sie das erste Element. (3) Βάλλω ist ein militärischer Ausdruck. Da nun Thukydides selbst ein militärischer Schriftsteller ist, so liegt es in der Natur der Sache, dass wir alle möglichen Verwendungen dieses im ganzen Bereiche der Sprache umfassendsten militärischen Ausdrucks finden. Damit steht die grosse präpositionale Reihe von βάλλω bei Thukydides im Einklang. Hingegen im Homer, welcher ebenfalls militärische Gegenstände behandelt, ist seine Reihe einschliesslich des poetischen ἀμφί auf 14 beschränkt, während βαίνω allein eine Reihe von 15 hat, die sich auf 17 (ἀμφί mitgerechnet) vermehrt, wenn wir die Verben βαίνω, ἔρχομαι (ἐλθεῖν) und εἰμι zu einem zusammenfassen. Ἀντί fehlt wie immer in der Reihe. Der Einfluss der behandelten Materie auf die Zahl und Wahl der Präpositionen zeigt sich hinwiederum in negativer Weise bei Demosthenes, wo βάλλω eine Reihe von 15 hat (εἰσβάλλω, der militärischeste aller militärischen Ausdrücke, fehlt natürlich), während die drei Verben εἰμι, ἔρχομαι (ἐλθεῖν) und βαίνω zusammengenommen eine Reihe von 16 aufweisen.

2. Ein zweiter Einwand von fast derselben Art könnte hinsichtlich der Thatsache erhoben werden, dass bei den Verben der Rede in weiterem Sinne γράφω eine Reihe von 9 Präpositionen hat und damit die Verben übertrifft, welche ein verhältnismässig reines Sprechen ausdrücken wie ἀγορεύω, εἶπον oder λέγω. Wahr ist es, dass ἀγορεύω eine Reihe von nur 4, εἶπον von 7 und λέγω von 5 Präpositionen hat. Aber auch hier bildet wie bei den Verben relativ rein physischer Bewegung keins in der attischen Sprache seine Zeiten vollständig. Zusammengenommen haben sie eine Reihe von 10 Präpositionen. Γράφω hatte den Vorteil, dass es als ein Verb von aktueller Bewegung ins Leben trat. Das spätere Eintreten in die juristische Sphäre schlug wieder zu seinen Gunsten aus. Dass γράφω bei den Rednern den Sieg davontrug über die Verben des Sprechens, welche nahezu farblos sind, ist natürlich, da es für die Bildung juristischer Fachausdrücke vorwiegend in Betracht kam. Dementsprechend steht bei Demosthenes die Präpositionsreihe von γράφω zu der von ἀγορεύω, εἶπον und λέγω im Verhältnis von 13 : 8.

3. Eine dritte Veranlassung zu Einwänden kann man finden in der kleinen Präpositionsreihe der Verben ἱκνέομαι und στέλλω, bei denen die Idee der Bewegung klar hervortritt. Hier kommt wiederum die gegenseitige Bevorzugung von Verb und Präposition zur Geltung, besonders im Falle von ἱκνέομαι. In ἱκνέομαι, „ankommen", ist der Standpunkt der Bewegung „woher?". Der Gedanke ist nicht sowohl „zu etwas kommen" als „von etwas zu etwas kommen". Daher ist ἀπό die Präposition, für welche ἱκνέομαι die grösste Zuneigung hat. Aber die Hinzufügung von ἀπό verursachte

nicht irgend welche Modifikation in der Bedeutung des Verbs. Der Gedanke war immer noch „ankommen", nur der Standpunkt der Bewegung wurde verstärkt. Nun begann ein Wettlauf zwischen ἱκνέομαι und ἀφικνέομαι, in welchem ἀφικνέομαι den Sieg davontrug, indem es seinen Gegner gänzlich von der Prosa ausschloss. Das Problem, welches die Sprache dann zu lösen hatte, war nicht mehr eine Definition der Richtung von ἱκνέομαι, sondern eine Definition der Richtung von ἀφικνέομαι, d. h. anstatt der Definition der Richtung eines Simplex die Definition der Richtung eines Kompositums. Aber die Sprache entschliesst sich zu diprothetischen Bildungen nicht so leicht wie zu monoprothetischen, und obgleich hier ein Versuch zur diprothetischen Komposition gemacht wurde, wovon ein gelegentlicher Beweis übrig ist (εἰσαφικνέομαι, Od. 12. 40; 8mal bei Homer. Προ- und προσαφικνέομαι, s. Tafel II.), so begnügte sie sich doch in diesem Falle die Richtung durch Präpositionen in der einfachen Form anzuzeigen. Durch die Kombination ἀφικνέομαι wurde der Verlust der Färbung von ἀπό lediglich eine Frage der Zeit. So hat in ἀφικνέομαι das Kompositum die Stelle des Simplex eingenommen, indem die Präposition ἀπό die Oberhand über die anderen Präpositionen gewann. Diese bleiben fast ganz ausgeschlossen; freilich finden sich einige Fälle von ἱκνέομαι in Verbindung mit διά. ἐκ (je einmal bei Thukydides), mit διά, ἐκ und κατά (Hom.) und ἐπί (Dem.).

Der Fall von στέλλω ist analog. Nur tritt hier der Umstand hinzu, dass der offizielle Charakter von στέλλω ihm eine viel engere Sphäre als πέμπω zuwies, so dass die Reihe der Präpositionen notwendigerweise (s. Tafel I.) viel geringer ausfiel. Wo στέλλω in den Formen versagt, tritt πέμπω ergänzend ein.

Weitere Beweiskraft für die Wahrheit unserer Hypothese ergiebt sich aus einer Betrachtung der Diprothesis und Triprothesis. Hier sowohl wie in der monoprothetischen Komposition ist mehr Modifikation vorhanden, wo mehr Beweglichkeit existiert. Je näher der Gedanke des einfachen Verbs der reinen Bewegung kommt, desto grösser ist seine Reihe diprothetischer Kombinationen. Wenn wir dieselbe Methode wie bei den monoprothetischen Verben anwenden, so finden wir, dass die Verben mit Bezug auf die Reihe diprothetischer Kombinationen sich, wie folgt, verhalten:

ἵστημι	13	ἔχω	6	βιβάζω	3
εἰμί	11	ἧμαι	6	γιγνώσκω	3
ἔρχομαι (ἐλθεῖν)	10	λαμβάνω	5	δίδωμι	3
ἄγω	9	πέμπω	5	ἕζομαι	3
βαίνω	9	χωρέω	5	ὄλλυμι	3
βάλλω	8	λείπω	4	τίθημι	3
αἱρέω	6	στέλλω	4	φέρω	3
πλέω	6	*ἁλίσκω	3		

Für weitere Einzelheiten s. Tafel II.

Die Gruppe εἰμί, ἔρχομαι (ἐλθεῖν), βαίνω, zeigt eine stattliche Reihe von 22 präpositionalen Doppelformen. Dass wir bei ἵστημι die Höchstzahl zu verzeichnen haben, ist besonders bemerkenswert. Die Mehrzahl der mit ἵστημι möglichen Kombinationen hat ihren Grund darin, dass κατά und ἀνά die zweiten Elemente der diprothetischen Formen bilden. Die in der Bewegung von ἵστημι durch die Komposition mit κατά und ἀνά hervorgebrachte Modifikation bedeutet nicht so sehr einen Wechsel in seiner Richtung, als eine Verstärkung und eine Ausdehnung derselben von entgegengesetzten Gesichtspunkten aus. „Auf" und „nieder", wie „hoch" und „tief", sind logisch dieselben Gedanken, gehen aber von genau entgegengesetzten Gesichtspunkten aus. So ergeben die diprothetischen Komposita von ἵστημι, welche κατά oder ἀνά als zweite Elemente haben, für das Gefühl und die Praxis ein monoprothetisches Resultat. Ebenso setzt uns κάθημαι mit einer Reihe von 6 Kombinationen in Erstaunen, obgleich es sowohl ein völliges Ersatzwort für das Simplex geworden, als auch ein Exklusivum in seiner monoprothetischen Form ist. Die Erklärung ist jedoch leicht, da die diprothetischen Formen von ἧμαι monoprothetisch empfunden und demgemäss gebraucht werden, eine Erscheinung, die dem Verlust der Färbung von κατά als zweitem Element in der Komposition entspricht.

Die sieben Fälle der Triprothesis, welche sich überhaupt finden, reichen nicht aus, um auf dem Wege der Vergleichung zu einem sicheren Ergebnis zu gelangen; aber so weit sie uns gestatten, Schlüsse mit Wahrscheinlichkeit zu ziehen, erweisen sich diese als im Einklang stehend mit den bisher dargelegten Ansichten. Vier der in Betracht kommenden Zeitwörter, ἄγω, εἶμι, ἔρχομαι (ἐλθεῖν), ἵστημι, insgesamt Verben mit stark ausgeprägter Idee der Bewegung, sind uns schon als die hervorragendsten diprothetischen und als unter die hervorragendsten monoprothetischen Verben gehörend bekannt. Es ist eine auffallende Erscheinung, dass die übrigen drei, ἐλαύνω, σείω und εὑρίσκω, bei denen der Gedanke der Bewegung keineswegs zurücktritt, nicht in der Diprothesis bei Thukydides gefunden werden. Die Erörterung dieser Verben in Bezug auf die Triprothesis schliesst die Frage der ἅπαξ εἰρημένα bei Thukydides in sich und muss daher von der vorliegenden Untersuchung ausgeschlossen werden.

Schlussfolgerungen.

Aus dem bisher Gesagten treten mehrere spezielle Erscheinungen hervor, deren Betrachtung uns Folgerungen für den Hauptsatz abzuleiten gestattet. Innerhalb der Grenzen der gegenwärtigen Studie können wir nicht hoffen, mehr als Andeutungen zu bringen oder gar erschöpfend zu sein, da viele von den Punkten, auf welche nur angespielt wird, in Monographien behandelt werden müssten.

Bevorzugung gewisser Präpositionen durch Verben.

Am meisten fällt bei der Untersuchung der vorhergehenden statistischen Tafeln das Überwiegen gewisser Präpositionen bei gewissen Verben in die Augen. Wir wollen sehen, ob dieser Bevorzugung irgend ein Prinzip zu Grunde liegt, und welches Licht es im allgemeinen auf die Komposition von Verben mit Präpositionen wirft. Es liegt nicht in unserer Absicht, jeden individuellen Fall zu untersuchen, sondern nur allgemeine Neigungen und Bestrebungen, wie sie hierbei in Betracht kommen, hervorzuheben.

Einige Beispiele von Tafel I. werden genügen, um die einzelne Punkte zu beleuchten.

I. Ausdehnung (Extension) und Verstärkung.

'Αλάσσω verbindet sich mit ἀπό 27 mal, während es sich mit 6 anderen Präpositionen im ganzen nur 24 mal findet. Der Begriff des „Wechselns" und „Änderns" schliesst naturgemäss eine starke Neigung zu der Beziehung „von" in sich, und daher erklärt sich die offenbare Bevorzugung von ἀπό.

Βοηθέω wird, wie nach seiner Bedeutung zu erwarten ist, mit ἐπί 27 mal, mit πρός 25 mal kombiniert, d. i. zweimal so oft als mit jeder anderen Präposition. In ähnlicher Weise begünstigt δέχομαι πρός, dessen Gebrauchszahl dem Vorkommen von 5 anderen Präpositionen gegenüber das Verhältnis 55 : 36 ergiebt; so bevorzugt διώκω κατά und ἐπί; ἥκω πρός; θνήσκω ἀπό; ἵστημι κατά; πέμπω ἀπό und ἐκ; στέλλω ἀπό; ἕπομαι ἐπί; etc. etc. Wir sehen also, dass die erste Bewegung zwischen Verb und Präposition in der Linie des geringsten Widerstandes liegt — „Ausdehnung und Verstärkung". Die Natur eines Verbs kann am besten durch das Studium seiner Lieblingspräpositionen, die Natur einer Präposition durch ihre Lieblingsverben erfasst werden.

II. Ausschliessung (Exklusion).

Die Vorliebe eines Verbs für eine Präposition kann so stark sein, dass sie alle anderen Präpositionen meidet, wie in dem Falle von ἀγείρω und σύν in der nachhomerischen Zeit. In ähnlicher Weise steht es mit καίω und κατά, κτείνω und ἀπό, φθείρω und διά (bei Thuk. findet es sich allerdings auch einmal mit ἀπό.). Dadurch wird eine Erscheinung ins Leben gerufen, welche wir treffend Exklusion nennen können. Dementsprechend werden Verben, welche sich nur mit einer Präposition verbinden, mit Recht Exklusiva genannt werden. Exklusiva müssen scharf von ἅπαξ εἰρημένα unterschieden werden, da ein einmaliges Vorkommen eines Kompositums nicht die genügende Kraft hat, das Simplex zum Exklusivum zu machen.

III. Usurpation.

Weiter kann die Vorliebe des Verbs für die Präposition so ausgeprägt sein, dass sie eine Usurpation oder eine vollständige Verdrängung des Simplex durch das Kompositum zur Folge hat. Solche Usurpationen sind hauptsächlich bei den Exklusiva bemerkbar, obgleich Fälle nicht selten sind, wo die verschiedenen Komposita zusammen zu der Verdrängung des Simplex geführt haben. So haben wir von der ersten Art ἀνοίγνυμι, ἀναλόω, ἐναντιόομαι, καθέζομαι, κάθημαι etc.; von der letzteren die Komposita von αἰνέω, νοέω etc.

IV. Phraseologische Ausdrücke.

Diese Vorliebe für eine bestimmte Präposition ist oft nur einer durch das präpositionale Element eingeführten übertragenen Bedeutung zuzuschreiben, die zu einem phraseologischen Gebrauch des Verbums führt. Z. B. ξυμβαίνω, ὑπάρχω, πάρειμι, παρέχω etc.

V. Verlust der Färbung der Präpositionen.

Ein anderer natürlicher Begleiter der Bevorzugung ist der Verlust der Färbung der Präpositionen. Darauf ist schon beiläufig hingewiesen worden. Dieser Verlust der Färbung tritt besonders in den Komposita hervor, welche nur die Bedeutungen der Simplicia zu verstärken geeignet sind. Wo die Präposition am wenigsten gebraucht wird, ist das Gefühl für sie am geringsten; wir erwarten daher zuerst den Verlust der Färbung bei Ausdehnungen (Extensionen, cf. I.), Exklusiva und Usurpationen. In Extensionen wurde die Ähnlichkeit der Bedeutung, welche die Grundlage der Anziehung war, die Ursache des Verschwindens der Färbung. Was für das Kompositum das Leben, das bedeutete für die Präposition in dem Kompositum den Tod. In den Exklusiva und den Usurpationen wurde der Verlust der Färbung durch die Abwesenheit anderer Präpositionen erleichtert, die zu der einen hätten in Gegensatz treten und so dazu beitragen können, gewissermassen den Unterschied im Gefühle zu erhalten. Die Funktion des Simplex geht auf in der des Kompositums, das in der Prosa die Stelle des Simplex übernimmt, während dieses selbst auf die Poesie beschränkt wird. Das Simplex erscheint oft im Spätgriechischen wieder, eine überraschende Parallele zu dem, was man in der silbernen Latinität findet. Als Beispiel diene καθέζομαι und ἕζομαι, welches letztere poetisch und spätgriechisch ist. Cf. ἀφικνέομαι, ἀνοίγνυμι und ἀπόλλυμι. Die Präposition wird zuweilen im Augmente ignoriert, z. B. ἠνέῳγμαι, N. T. Offenb. 10. 8; Heliodor 9. 9; ἠνεῴχθην; Dio Cass. 44. 17; ἐκαθεζόμην, Xen. Anab. 1. 5. 9; und häufig im attischen Griechisch; ἐκαθέσθην, Paus. 3. 22. Der Verlust der Färbung in der Präposition hat das Auftauchen von verstärkten Komposita im Spätgriechischen zur Folge; so sind z. B. die verstärkten Kombinationen προσεπι-, ἐπιπρος-, ἐξαπο-, ἀπεξ-, συμμετα-, μετασυν-, προςεις-, καταντι- und ἀντικατα- nicht ungewöhnlich im Spätgriechischen, selten jedoch im klassischen Griechisch. Cf. Tafel III.

VI. Relative Lebenskraft der Präpositionen.

Der Verlust der Färbung in der Präposition legt naturgemäss den Gedanken an die relative Lebenskraft der Präpositionen nahe. Auch hier kann es sich nur darum handeln, Andeutungen zu machen. Einen wertvollen Dienst leistet in diesem Zusammenhang die Diprothesis. Eine sorgsame Untersuchung der Tafeln II. und III. wird die Wirksamkeit zweier Prinzipien in der diprothetischen Komposition zeigen. Einmal ist nach der Seite äusserer Ausdehnung hin das Verlangen nach Verstärkung wahrnehmbar. Zweitens ist bezüglich der plastischen Ausgestaltung das Verlangen nach Modifikation ersichtlich. Nun setzt aber Verstärkung Schwäche voraus. Die Sprache, weil lebend, hat das Bestreben, Schäden, welche durch langen Gebrauch oder Missbrauch hervorgerufen sind, wieder gut zu machen. Für die Monoprothesis ist es augenscheinlich, dass die meiste Abschwächung sich bei Extensionen und Usurpationen findet. Ein monoprothetisches Verb, dessen präpositionales Element seine Kraft völlig verloren hat, wird als Simplex angesehen. Dies führt entweder zu einem Fallenlassen der Präposition und einer Wiederherstellung des Simplex, was in der That im Spätgriechischen stattfindet, oder zu einer Verstärkung. Die Verstärkung solcher monoprothetischen Verben giebt eine diprothetische Form, die jedoch als eine monoprothetische empfunden wird. Die Sprache des Thukydides zeigt uns eine Reihe von 387 verschiedenen monoprothetischen Verben, während die der diprothetischen nur 86 aufzuweisen hat. Man kann daraus wohl mit Recht schliessen, dass die Sprache einer einfachen Verbindung sich nicht widersetzt, dagegen eine doppelte nur ungern gestattet, und da die Entwickelung der Sprache den Weg des geringsten Widerstandes einschlägt, so ist es berechtigt, dass diprothetische Verbindungen, denen die Absicht der Verstärkung zu Grunde liegt, bei weitem die Zahl derer übertreffen, die auf einer Modifikation der formalen Seite beruhen. Um nun die Verstärkung hervorzurufen, bietet die Sprache die wirksamsten Mittel, welche ihr zu Gebote stehen, auf, wie aus den in der diprothetischen Komposition vorherrschenden Präpositionen ersichtlich ist. Diejenigen Präpositionen, denen die hervorragenste Rolle bei diprothetischen und triprothetischen Verben zufällt, behalten ihre Färbung am längsten. Als erstes Element erscheint ἀντί in 27, ἐπί in 39, ξύν in 50, πρό in 35 und πρός in 17 diprothetischen Verben, während von triprothetischen Verben 5 ἀντί, je eins ξύν, πρό, πρός und ὑπό, aufweisen. Dass ἐπί in triprothetischen Verben fehlt, scheint mit der vorgetragenen Ansicht in Widerspruch zu stehen; doch ist zu berücksichtigen, dass es gleichseitig als zweites Element in 8 von den 9 triprothetischen Verben bei Thukydides vorkommt, und zwar in 5 von den 8 Fällen durch ἀντί, in einem durch πρός verstärkt, woraus das Verblassen der Färbung von ἐπί in der Diprothesis deutlich hervorgeht.

Die Tendenz, vorwiegend solche Kombinationen zu bilden, in denen die meiste Kraft enthalten ist, zeigt sich auch bei den Verben, die durch die Diprothesis nach der formalen Seite modifiziert werden. Bei der Bildung eines diprothetischen Verbs wird, wenn eine Wahl zwischen monoprothetischen Verben mit ἐκ oder ἀπό, mit εἰς oder πρός, κατά oder ἀντί möglich ist, die Form mit ἐκ, εἰς oder πρός vorgezogen, abgesehen von einigen Ausnahmen, deren Ursache in den meisten Fällen erkannt werden kann. Um Beispiele sprechen zu lassen, ἄγω (s. Tafel II.) hat ἐκ anstatt ἀπό als zweites Element in der Diprothesis; εἶμι ἐκ dreimal, ἀπό einmal; ἔρχομαι ἐκ für ἀπό; ἵστημι kommt nicht in Betracht, da andere Gründe, wie der Verlust der Färbung von κατά und der militärische Charakter seines Kompositums mit ἀπό, das Vorherrschen dieser Elemente rechtfertigen. Natürlich herrschen bei dieser Erscheinung der formalen Modifikation diejenigen Simplicia vor, in denen die Bewegung am wenigsten verborgen ist. Wo Modifikation nötig ist, sind Raum und Beweglichkeit erforderlich. Es folgt also, dass die zweiten Elemente diprothetischer Verben zwei entgegengesetzte Zustände darstellen: erstens, den Verlust der Färbung der Präposition; zweitens, Lebenskraft der Präposition. Im ersten Falle war Verstärkung, im zweiten Modifikation der Idee des Verbums beabsichtigt. In der letzteren Klasse wird die Diprothesis mehr empfunden wie in der ersteren; daraus erklärt sich die verhältnismässige Leichtigkeit, mit der diprothetische Verben der ersteren Klasse gebildet werden und daraus wieder ihr Übergewicht über die andere Klasse.

Bei triprothetischen Verben ist hauptsächlich das Prinzip der Verstärkung wirksam; das zweite Element ist, wie zu erwarten, das am wenigsten lebenskräftige. Bemerkenswert ist es, dass ἐπί als zweites Element sich in 8 von den 9 triprothetischen Verben bei Thukydides findet.

Rückblick.

In der vorgehenden Untersuchung habe ich mich bemüht, für Thukydides den folgenden Hauptsatz zu erweisen: Im allgemeinen steht die Reihe kombinierbarer Präpositionen eines Verbs im direkten Verhältnis zu der annähernden Deutlichkeit, mit welcher das Verb reine Bewegung ausdrückt.

Aus der Darlegung dieses Hauptsatzes können die folgenden Zusätze abgeleitet werden:

1. Ein Verb vereinigt sich gerne und zuerst mit derjenigen Präposition, welche in gewissem Sinne eine Ausdehnung seiner eigenen Bedeutung hervorbringt.

2. Auch die Umkehrung gilt: Eine Präposition hat die grösste Vorliebe für diejenigen Verben, welche der Bedeutung nach in ihrer Richtung liegen.

3. Der Charakter eines Verbs zeigt sich am besten in seinen Lieblingspräpositionen, oder genauer, der beste Zeuge für die Bedeutung eines Verbs ist seine Lieblingspräposition.

4. Auch die Umkehrung gilt: Der Charakter einer Präposition zeigt sich am besten in ihrem Lieblingsverb.

5. Bevorzugung bedeutet Ausdehnung, Ausdehnung führt zur Exklusion, Exklusion zur Usurpation. Alle tragen zu dem Verlust der Färbung der Präpositionen bei.

6. Der Verlust der Färbung in der Präposition ist von dem Verfall des Simplex und der Beschränkung der Reihe mit ihm kombinierbarer Präpositionen begleitet, hat auch wohl im Spätgriechischen ein Wiedererscheinen des Simplex oder eines verstärkten Kompositums zur Folge.

7. Diejenigen monoprothetischen Verben, welche Ausdehnungen ihrer Simplicia sind, oder welche den Gesichtskreis des Simplex näher bestimmen, gehen am häufigsten eine diprothetische Verbindung ein.

8. Diejenigen Präpositionen, welche in monoprothetischen Verben das Übergewicht haben, überwiegen auch als zweite Elemente in der Diprothesis.

9. Diejenigen Präpositionen haben am meisten ihre Färbung verloren, welche in der Diprothesis am häufigsten als zweite Elemente erscheinen.

10. Diejenigen Präpositionen sind am lebenskräftigsten, welche am häufigsten als erste Elemente in der Diprothesis erscheinen.

11. Im allgemeinen geschieht die Bildung diprothetischer Verben aus einem gegebenen Simplex auf der Grundlage der monoprothetischen Verben mit ἐκ, εἰς und κατά, statt mit ἀπό, πρός und ἀντί, wenn eine Auswahl möglich ist.

12. In der Triprothesis ist das erste Element das lebenskräftigste, das zweite das schwächste, während das dritte veränderlich ist.

Es ist die Wirksamkeit der oben erwähnten Grundsätze, welche die Grenzen der Komposition von Verben mit Präpositionen bei Thukydides bestimmt.

VITA.

Natus sum David Holmes a. d. XII kal. April. anno MDCCCLXV in oppido Battle Ground, quod est in provincia Indiana rei publicae Americanae, matre Samantha e gente Webster, patre David, quem duo et viginti annis ante mortuum valde lugeo. Fidei addictus sum evangelicae. Postquam scholas publicas usque ad annum aetatis quartum decimum frequentavi, Delaware, in urbem provinciae Ohioensis, veni, ut in alteram classem subscholae Universitatis Ohioensis Wesleyanae transirem. Annum agens sextum decimum Universitati ipsi in eodem loco sitae me adjunxi, ubi quattuor per annos versatus sum. Honore Baccalaurei Artium Liberalium impetrato tres annos in provincia Massachusettensi docui. Proximo anno Universitatem Johns Hopkins adii ut auspiciis virorum doctissimorum, Gildersleevii, Bloomfieldii, Warreni, in studia imprimis philologica incumberem, quibus quattuor annos me dedi. Summo Philosophiae Doctoris honore ab hac Universitate impetrato, Latinae linguae in Collegio Alleghensi, quod in provincia Pennsylvania exstat, unius anni partem fui praeceptor. Anno MDCCCXCIV in Germaniam profectus, Berolinum me contuli ut viros doctissimos, Hübner, Kirchhoff, Vahlen audirem, qui benigne concesserunt ut exercitationibus suis philologicis interessem.